Felicitas Naumann: geboren 1944, Buchhändlerin, Abitur auf dem zweiten Bildungsweg, anschließend Studium der Germanistik und Politikwissenschaft, unterrichtet in Gießen. Veröffentlichungen: Kinder- und Jugendbücher, Kurzgeschichten, Reise- und Sportreportagen, Publikationen über Themen zur Dritten Welt, Mitarbeit an Drehbüchern u. a.

Holger Claes: geboren 1957, Diplomsozialarbeiter, Leiter einer großen sozialen Beratungsstelle, seit 1985 in der Schuldnerberatung, tätig in der Grundausbildung von Schuldnerberater/innen bei verschiedenen Fortbildungsinstitutionen u. a. Diakonische Akademie Deutschland, Lehrauftrag an der Justus-Liebig-Universität in Gießen.

Felicitas Naumann

5,00-325,00-360,76-15,00-418,50,-184,86-746,79-34,00-120,50-4,85-12,00-25,00-325,00-360,76-15,00-41

Das schnelle Geld
Mit Konto, Karte und Kredit

Eine Geschichte

Anhang und Fachberatung
Holger Claes

Vollständig überarbeitete
Neuausgabe

Rowohlt Taschenbuch Verlag

2. Auflage März 2008

Vollständig überarbeitete Neuausgabe April 2003
Originalausgabe
Veröffentlicht im Rowohlt Taschenbuch Verlag,
Reinbek bei Hamburg, März 1995
unter dem Titel «Die schnelle Mark»
Copyright © 1995, 2003 by Rowohlt Taschenbuch Verlag GmbH,
Reinbek bei Hamburg
Lektorat Renate Boldt
Umschlaggestaltung Kerstin Schürmann, Formlabor, Hamburg
Foto: apply pictures
Alle Rechte vorbehalten
Satz Adobe Garamond PostScript, PageOne
Gesamtherstellung CPI – Clausen & Bosse, Leck
Printed in Germany
ISBN 978 3 499 21215 4

Inhalt

Ein Bankier ist ein Mensch,
der einen Schirm verleiht,
wenn die Sonne scheint; und
der ihn sofort zurückhaben will,
sobald es zu regnen beginnt.
Mark Twain

25,00-360,76-4,85-36,49-152

1

Feierabend.

Endlich, dachte Chris. Das war ein Tag gewesen, absolut zum Ab-
haken. Schon der erste Kunde so ein Schwätzer. Kommt in die
Halle und blökt mich an: «Sommerreifen runter, Winterreifen
drauf. Zeit ist Geld, mein Junge.»
Steht da, die Hände in den Hosentaschen, klimpert ungeduldig
mit dem Schlüsselbund und starrt mir eine halbe Stunde lang stur
auf die Finger. Von wegen Zeit ist Geld.
«Machen Sie mir bloß keine Schrammen in die Felgen, die sind
neu, und ziehen Sie die Schrauben richtig fest. Nicht, dass hier
rumgeschlampt wird, sonst werde ich noch auf der Autobahn von
meinem eigenen Hinterrad überholt. Alles schon da gewesen.
Vertrauen ist gut. Kontrolle ist besser. Wenn man nicht alles selbst
macht ...»
Und bei jeder Schraube dieses nervende Gequassel. Chris hatte es
so durcheinander gebracht, dass ihm zweimal hintereinander der
Drehmomentschlüssel abgerutscht war.
«Junge, bist du zittrig. Wohl 'ne lange Nacht gehabt. Wie heißt
denn das Mäuschen?»
Was predigte der Chef mindestens einmal in der Woche: Männer,
der Kunde ist König. Und wenn's der größte Kotzbrocken ist.
Dass wir uns da richtig verstehen!
Chris hatte verstanden, sich mit dem letzten Rest Selbstbeherr-
schung auf dem Absatz umgedreht, tief eingeatmet, die Luft an-

gehalten und stark schnaubend ausgestoßen. Das half, das war erprobt.

Die restlichen Stunden bis zum Feierabend waren mit Inspektionen draufgegangen. Kühlwasserkontrolle und Bremsprüfstand, Reifendruck, Stoßdämpfer, Auspuff – immer derselbe Ablauf.

Was soll's, dachte Chris, manche Tage laufen eben quer, nahm seine Tasche aus dem Spind und pfefferte mit einem Schwung den ölverschmierten Overall hinein. Da muss man durch, Deckel drauf und basta. Hauptsache ist doch, die meisten sind okay, und manchmal macht es sogar irre Spaß. Zum Beispiel letzte Woche, die Sache mit dem BMW.

Er hatte Recaros montiert, das Fahrgestell tiefer gelegt und Konics eingebaut. Alles für die Optik, hart, tief, breit. Und noch Stunden später geschwärmt: Was für ein heißes Geschoss! So eins muss es mal sein, und dann mit Christina durch die Gegend brettern, ohne Ziel, einfach so.

Er war noch nie so verliebt gewesen, so völlig hin und weg. Wenn er morgens beim Anziehen an sie dachte, fuhr er manchmal total verkehrt herum ins Hemd oder brachte den Knopf und das Knopfloch für Sekunden nicht in die richtige Reihenfolge.

Chris schloss den Spind ab und nahm seine Jacke vom Haken. Irgendwo flog in der Werkstatt ein Tor krachend zu. Wind war aufgekommen. Chris sah aus dem Fenster. Regen. Graue Novemberwolken. Eine undurchdringliche Decke. Jetzt auf ein Bier ins CHANGE, dachte Chris und klappte den Kragen hoch.

25,00-360,76-4,85-36,49-152

2

Im CHANGE ging es hoch her. Chris wollte direkt auf den Tresen zusteuern, als er Benni entdeckte, rechtzeitig genug, um abzudrehen. Der Ecktisch in der Fensternische war noch frei.

Sie kannten sich schon lange, Benni wohnte im Nachbarhaus, eine Weile hatten sie sogar zusammen in einer Mannschaft gekickt, aber jetzt herrschte seit Wochen dicke Luft zwischen ihnen.

Alter Schnorrer, dachte Chris. Immer zu faul, um am eigenen Auto zu schrauben. Wie oft hab ich mich schon unter seine Karre geklemmt: Bremsklötze gewechselt, den Auspuff geschweißt – für nichts. Nie kam ein Scheinchen rüber, nie.

Und irgendwann war ihm der Kragen geplatzt: «Bin ich dein Horst? Such dir einen anderen Deppen!»

Chris hatte gerade die Bestellung aufgegeben, als er eine Hand auf seiner Schulter spürte: Benni. Der schwankte leicht, aus seinem Glas schwappte Bier, über dem Wabbelbauch spannte das Hemd. Chris sah ein Stück weiße Haut mit krausen dunklen Haaren.

«Prost, Chris. Auf deine Neue. Christina Schuch. Das muss gefeiert werden. Auf das junge Paar.»

Chris reagierte nicht.

«Schuch Metalltechnik. Schuch Systeme. Schuch Werkstoffe. Gratuliere.»

«Zu was?»

Benni stieß einen leisen Pfiff aus: «Na, zum Start ins gemachte Nest. Schuch und Nachfolger Christoph Riemann.»

Chris schüttelte nur den Kopf, machte eine wegwerfende Handbewegung und schwieg.

«Träumst schon davon, dass sich dein Hintern eines Tages im Chefsessel breit macht. Oder etwa nicht?»

Chris kehrte ihm den Rücken zu. Aber Benni ließ nicht locker: «Kumpel, dein Traum ist geplatzt. Heute Morgen. Der Betriebsrat fiel aus allen Wolken. Der alte Schuch verkauft. Und was aus der Belegschaft wird, das ist dem scheißegal.»

Benni nahm einen tiefen Schluck, stellte das Glas ab und wischte sich mit dem Handrücken den Schaum vom Mund. «Mann, bleib auf dem Teppich. Die Schnepfe hängt dich ab, schneller als du denkst, so schnell wie der Alte die Belegschaft. Die sind doch alle gleich. Du bist nicht ihre Kragenweite, die zieht demnächst mit so 'nem feinen Pinkel rum, und du guckst in die Röhre. Das ist so sicher wie das Amen in der Kirche!»

Chris sah ihn an, als ob er nie im Leben etwas Widerwärtigeres gesehen hätte. Zog die Unterlippe zwischen die Zähne, kaute darauf herum, stand auf und ging zur Tür, ohne sich noch einmal umzudrehen. Soll er doch reden, was er will, dachte er. Mich provozieren? Das schafft der nicht.

Draußen regnete es immer noch, aber jetzt vermischt mit Schnee. Chris blieb eine Weile stehen und sah, wie die Flocken zu Dreck wurden. Die ganze Straße war voll Pfützen, dazwischen lagen kleine weiße Inseln.

25,00-360,76-4,85-36,49-152

3

Sonntagnachmittag. Die Großeltern wollten zu Besuch kommen. So gegen vier. Die Mutter stand in der Küche und streute Krokant auf den Frankfurter Kranz, Omas Lieblingskuchen. Sie schaute auf die Uhr: Schon zehn vor, und der Tisch war noch nicht gedeckt. «Peter, setz doch mal den Kaffee auf. Und mach das Fenster auf. Hier muss mal frische Luft rein. Wo sind denn überhaupt die Kinder?»

Der Vater lag auf dem Sofa. «Wo sollen die schon sein. Chris ist oben in seiner Bude und Sandra im Bad, steht vor dem Spiegel und bemalt sich wieder wie ein Clown», brummelte er in sich hinein.

Es klingelte.

Oma hatte einen Adventsstrauß mitgebracht: Tannenzweige, an denen bunte Kugeln baumelten und kleine Engel. Die Mutter ging herum und goss Kaffee ein.

«Wie schön, dass wir mal wieder alle beisammensitzen», sagte Oma. «Leider kommt das viel zu selten vor. Aber ich weiß ja, ihr habt wenig Zeit. Die Arbeit. Und die geht nun mal vor.»

Sie nahm ein großes Stück vom Frankfurter Kranz und schob Chris die Platte zu. «Iss, mein Junge, damit du was wirst, und erzähl doch mal, wie läuft's denn so?»

Chris strahlte. «Supergut. Ich freu mich schon richtig aufs nächste Jahr. Das wird spannend, denn im Frühjahr mache ich den Führerschein und im Sommer die Gesellenprüfung.»

«Und dann?»

«Dann werde ich übernommen, hat jedenfalls der Chef gesagt, ich hab ganz gute Karten.»

«Und meiner Kleinen, wie geht's denn der?» Oma nahm ein weiteres Stück vom Kuchen.

Sandra verzog das Gesicht. «Wenn ich wie Chris schon achtzehn wäre, ging's mir mit Sicherheit auch supergut, dann hätte ich nämlich endlich die Scheißschule hinter mir.»

«Sandra!» Mutters Stimme schrillte. «Nicht diese Ausdrücke! Und schon gar nicht beim Essen.»

«Ist doch wahr», maulte Sandra. «Nur Stress! Eine Arbeit nach der anderen, jede Menge Hausaufgaben, und alle Lehrer machen Druck: besonders dieser Koester. Ich hasse Mathe. Hoffentlich kriegen wir im neunten Schuljahr einen anderen Lehrer, und wenn nicht, dann ...»

«Sandra!», fuhr der Vater dazwischen. «Jetzt reicht's! Du wolltest doch ins Gymnasium. Kein Mensch hat dich gezwungen.»

«Ja, ja», sagte Sandra und biss sich auf die Unterlippe.

«Du hast uns die Hölle heiß gemacht, und jetzt motzt du herum. Ich habe diese Chance nie gehabt, sonst wäre ich nicht Busfahrer geworden und müsste nicht jeden Tag ...»

Was jetzt kommt, kenne ich auswendig, dachte Chris. Dass er sich für uns die Knochen ruiniert, dass er bei diesem Wetter ständig im kalten Luftzug hockt, Tür auf, Tür zu, dass er die Wechselschichten satt hat, das Baustellenchaos, alles. – Und das kann dauern.

Manchmal hatte Chris den Eindruck, als trenne ihn eine unsichtbare Wand vom Vater. Dass der in diesem Job oft bis zum Anschlag hart schuften musste, war keine Frage. Aber warum gab er einem dauernd das Gefühl, als ob man selbst daran schuld sei?

Einmal im Lotto gewinnen, dachte Chris weiter, und dann dem Vater einen Packen Scheine auf den Tisch blättern und sagen: So, jetzt ist Schluss mit der Jammerei! Das wär's! So müsste es laufen, gleich nächsten Samstag: Ich starre gebannt in die Glotze. Die Kugeln rollen, Herzrasen, der helle Wahn! Schon der fünfte Treffer! Schweiß tropft auf den Tippschein – und dann steht's fest: Gewonnen! Eine halbe Million, vielleicht sogar mehr, egal, eine Riesensumme!

Wie im Schlaf, versunken im Lottotraum, schloss Chris die Augen und stöhnte leise auf. Und hörte plötzlich, wie von weitem, Omas besorgte Stimme: «Junge, was ist denn los mit dir, alles in Ordnung?»

Chris, für einen Moment wieder hellwach, winkte ab: «Alles okay!», und träumte weiter: Eine Riesensumme! Was würde ich mit all dem Zaster tun? Wahrscheinlich erst mal feiern, es richtig krachen lassen, eimerweise Champagner schlürfen und dann im Luxus leben ohne Ende! Schnelle Schlitten, rundum Hightech der Extraklasse, einmal um den Erdball jetten, Häuser kaufen, den Rest vom Schotter fest anlegen und, weil's sein muss, auch mal spenden. Wegen mir für die Rettung des Blauwals. So was kommt immer gut an.

Oder besser, einfach total die Klappe halten, den Gewinn nicht ausposaunen, alles cool durchziehen wie bisher und erst nach der Prüfung zeigen, was Sache ist. Dann dem Chef für sattes Geld die Werkstatt abkaufen und den Meistern auf die Socken helfen, wenn sie nicht spuren, wie ich will.

«Chris, noch ein Stück Kuchen?» Jetzt war er wieder mitten in der Kaffeerunde. Er nickte Oma zu und stellte fest: Sie sieht genervt aus, und wenig später war ihm auch klar warum.

Inzwischen war nämlich Opa am Klagen: «Vierzig Jahre lang hat mich der Wecker morgens aus dem Schlaf gerissen, und dann hieß es: Rauf auf die Lok. Und wie oft habe ich gesagt, wenn ich doch bloß schon Rentner wäre. Jetzt ist es so weit, ich kriege mein Geld fürs Nichtstun und komme mir völlig überflüssig vor. Ausrangiert!»

Die sind ja immer noch beim Thema, dachte Chris. Ich habe also nichts versäumt.

Aber Oma wurde Gott sei Dank energisch und hakte bei der ersten großen Atempause, die Opa machte, ein: «Nun verbreitet hier mal nicht so eine trübe Stimmung. Wenn es bergab geht, geht es auch wieder bergauf. Lasst uns doch mal über etwas Schönes reden. Weihnachten steht vor der Tür. Was wünscht ihr euch denn?»

«Meine Ruhe», schmunzelte der Vater.

«Wir sparen auf eine komplett neue Küche», sagte die Mutter. «Maßgeschneidert. Mit Rahmenfronten aus Mattglas und einer Kochinsel, wo alles elektronisch gesteuert abläuft, punktgenau. Superpraktisch, superschön. Vielleicht könnt ihr uns anstelle von Geschenken etwas Geld beisteuern. Dann müssten wir nicht mehr so lange warten, bis wir die ganze Summe zusammengekratzt haben.»

Warten, dachte Chris, typisch. Immer nur sparen, knausern und jeden Cent umdrehen. Ich kann's nicht mehr hören. Auf was denn warten? Auf die Zukunft? Das kann doch nicht das Leben sein!

4

Montagabend. Regen prasselte gegen die schrägen Dachboden-
fenster. Chris lag auf seinem Bett, rollte das Kopfkissen zusammen und schob es in den Nacken. Auf dem Tisch türmten sich
Stöße von Tuning-Magazinen, alten Zeitungen, Werbeprospekten. Daneben eine aufgerissene Kekstüte, Dichtungsringe, Bana-
nenschalen, Isolierband, leere Colabüchsen. Chris stellte sich vor:
Die Tür geht auf. Die Mutter platzt herein, tritt auf irgendeinen
herumliegenden Schuh, stolpert und kippt fast um. Ein Auf-
schrei. Im Gesicht rote hektische Flecken und dann mit einem
Blick, der wie ein Radar durch den Raum kreist: Wie sieht's denn
hier aus? Blöde Frage, sieht sie doch, hatte Chris immer denken
müssen, natürlich aber nie gesagt. Zimmer-Zoff. Das Thema
hatte jahrelang ohne Konkurrenz auf Platz eins der Familien-
Krach-Skala gestanden. Die Show läuft nicht mehr, dachte Chris
und grinste. Die habe ich ihr abgewöhnt. Jetzt kommt sie nur
noch selten, und wenn, dann klopft sie an.
Er überlegte. Was tun mit dem angebrochenen Abend? Vielleicht
Musik. Voll aufdrehen, bis der Vater «Ruhe!» von unten herauf-
brüllt.
«Ach, Mist!», sagte er laut. «Die ganze Anlage ist out. Steinzeittechnik, da kommt kein Spaß mehr auf. Irgendwann ist eine neue
fällig. Mal sehen, was die Glotze bringt.»
Nach langem Herumkramen stöberte er schließlich unter Sweat-
shirts und schmutzigen Socken die Fernbedienung auf, zappte
durch die Sender: Irgendein Krimi. Zu spät, um in die Story noch
reinzukommen. – *Was hilft gegen Juckreiz? – Bingo. Peter bekommt
von uns den ersten Bonusbuchstaben und legt los mit einem R – Ru-
der, Rasur, Radau.* – Und in 3SAT beschäftigte sich ein gewisser
Hermann Bott mit der Herstellung von einhundertvierundvierzig
Orgelpfeifen aller Größen.

Das darf doch nicht wahr sein! Chris angelte nach dem Programmheft und blätterte: Nichts als Schrott! Und wenn was läuft, hab ich garantiert keine Zeit, und die besten Filme gehen mir durch die Lappen.

Chris beschloss: Morgen bestelle ich mir einen DVD-Recorder, und zwar aus dem Katalog – auf Raten. Die laufen wie nebenbei, die merkt man kaum. Einen dieser Kataloge hatte er erst gestern in der Wohnung seiner Eltern herumliegen sehen.

Shopping von heute auf morgen. Bezahlen nach Wunsch, wie's am besten passt. Persönliche Beratung im 24-Stunden-Service, und sogar sonntags. Kaufen Sie ein, rund um die Uhr, sparen Sie Zeit und Geld.

Im Internet verglich Chris Angebote, Preise und Modelle und stöberte ihn auf: den **Hit aus dem Netz**.

25,00-360,76-4,85-36,49-152

5

Dienstag. Kassensturz. Chris rechnete:
Von den 535 Euro Lehrgeld gehen ab: 100 Euro Kostgeld an die Mutter und 43,48 Euro Ratenzahlung für den DVD-Recorder. Bleiben mir also noch rund 390 im Monat übrig.

Der Rest geht drauf für dies und das. Und der Führerschein? Ach was, den stottere ich irgendwie ab. Das wird schon gehen. Was soll's? Ich krieg das schon hin.

Der Recorder ist jedenfalls Spitzenklasse. «Ein Supermodell», das hatte auch der Typ in der Versandhaus-Filiale bestätigt: «Qualität, Design und Technik, alles topp», und hinzugefügt: «Sehen Sie, so werden Wünsche wahr. Bequemer und schneller geht's nicht. Ich sage immer zu den Kunden: Lieber etwas mehr ausgeben, als faule Kompromisse eingehen, denn auf lange Sicht ist sowieso das Teuerste immer das Billigste.» Die Bestellung lief absolut einfach ab.

«Sehen Sie, junger Mann, meine persönliche Ansicht ist die: Sich Wünsche zu erfüllen, ganz spontan und individuell, sich genau dann etwas zu leisten, wenn man sich was leisten will, das heißt doch klipp und klar, man spart im Endeffekt einen Haufen Geld, denn Sie zahlen zu den Preisen von heute, praktisch ohne große Mehrkosten. So ist es doch, oder nicht?»

«Stimmt!», hatte Chris genickt. «Genauso ist es!»

Er dachte an die Eltern und an Mutters Küchentraum: diese elende Knauserei, der ewige Rechenstress, die warten und warten. Und was kommt raus? Die Preise steigen. Der Mann hat völlig Recht: Am Ende zahlen sie nur drauf.

25,00-360,76-4,85-36,49-152

6

Es gibt Tage, an die man sich ganz genau erinnert, als hätte eine innere Kamera jede Stunde im Bild festgehalten. So ein Tag war für Chris der 29. Oktober, ein Samstag, an ihm hatte er Christina kennen gelernt.

Schauplatz war der Schrebergarten seiner Eltern, Mutters «Oase». Hier hatte sie einen kleinen schilfumwucherten Teich angelegt, in dem im Sommer Goldfische schwänzelten und sich Seerosen öffneten. Und wenn der Vater im Liegestuhl schnarchte, häufelte sie Rillen für den Sellerie, begoss Spinat und Kopfsalat, schnitt Kerbel, Dill und Petersilie und sah dabei glücklich und zufrieden aus. Auf ihrem Rosenbeet wuchsen Sorten, die alle edle Namen trugen, stolz waren auf ihre englischen oder französischen Ahnen und einen wunderbaren Duft ausströmten. Den liebte die Mutter besonders. Vielleicht, weil er so etwas wie ein Ausgleich war für den beißenden Gestank, den sie bei ihrer Halbtagsstelle in der chemischen Reinigung ertragen musste.

An diesem Samstag hatte Chris seiner Mutter im Garten helfen müssen. Da nützte kein Murren. Er war dran. Sie deckte sorgfältig alle Beete mit Torf und Zweigen ab, er schnitt die Hecke zurück.

Plötzlich ein schriller Schrei: «Chris!»

Vor Schreck wäre er fast von der Leiter gefallen.

«Chris! Tu doch was! Verflucht nochmal!»

Ihre Stimme überschlug sich, wild fuchtelten ihre Arme in der Luft herum. «Sauköter!»

Jetzt sah er ihn auch, den «elenden Schweinehund», das «verdammte Mistvieh»! Eine riesengroße schwarze Dogge hockte in aller Seelenruhe zwischen den Rosenstöcken und setzte einen gewaltigen Haufen aufs kurz geschnittene Gras.

Sekunden später stürzte Christina in den Garten. «Othello! Hierher! Platz! Bei Fuß!»

Mann, sieht die gut aus, dachte Chris. Christina stammelte eine Entschuldigung nach der anderen, aber nichts davon konnte den Wutanfall seiner Mutter stoppen. Im Gegenteil. Sie geriet immer mehr in Fahrt und kniff die Augen zu Schlitzen.

«Wie kommen Sie dazu, diese Bestie frei herumlaufen zu lassen? Wenn dieses Sauvieh mir hier was ausbuddelt oder auch nur eine einzige Aster abknickt, dann hetze ich Ihnen die Polizei auf den Hals. So ein Köter gehört in den Zwinger!»

Sie machte eine solche Tragödie daraus, dass Christina sich schließlich völlig genervt abwendete und ging. Ohne zu überlegen, ganz wie von selbst, ließ Chris die Heckenschere fallen und lief Christina hinterher.

«Tut mir Leid, der Anschiss hat gesessen. Wenn es um ihren Garten geht, zieht sie immer eine Show ab. Alles okay?»

Christina nickte: «Meine hat auch ihre Macken!»

Chris trat einen Schritt auf sie zu.

«Was dagegen, wenn ich ein Stück mitgehe?»

Dass er diese Frage gestellt hatte, ohne Zögern, ohne Kloß im Hals, ganz ohne Angst, sie könnte nach plumper Anmache klingen, das überraschte ihn selbst.

Christina guckte verblüfft, zog die Schultern hoch, zeigte mit dem Daumen erst auf sich: «Von mir aus ja», und dann mit dem Zeigefinger der gleichen Hand auf Othello: «Wenn der nichts dagegen hat!»

Chris strich dem Hund übers glänzende Fell. Othello wedelte.

Christina zog grinsend die Schultern hoch. «Sieht so aus, als ob er einverstanden wäre!»

Sie gingen auf Wegen, die sich immer mehr zwischen hohen Grasbüscheln verloren, lachten über den «Sauköter», der mit hochgereckter Schnauze große Stöcke apportierte, erzählten einfach so drauflos, unbefangen, fast vertraut, schwiegen auch, und keine Schweigepause wurde peinlich. Kamen an den kleinen See, warfen Steine ins Wasser, warteten auf das «Gluck» des Einschlags, ließen sich ins Gras fallen und lagen auf dem Rücken mit übereinander geschlagenen Beinen. Christina griff in ihre Jackentasche, holte eine Birne heraus, biss ein großes Stück ab und fragte mit vollem Mund: «Du auch?» Er nahm die Birne, betrachtete die Bissspur, und da sie gerade nicht hinsah, aß er genau da weiter, wo sie angefangen hatte.

Wolken kamen auf, Wind. Wellen schwappten an die Uferböschung. Im schwindenden Licht warf die Sonne ihre letzten Strahlen durch ein Wolkenloch. Christina sah auf die Uhr, stand auf. «Was? Schon so spät? Ich muss gehen.» Chris trat einen Schritt auf sie zu. Jetzt wäre der Moment, sie zu fragen, ob sie nicht Lust hätte, ihn morgen wieder zu treffen. Er stellte sich vor, wie es klingen würde, wenn er sie fragte, und wie er dastehen würde, wenn sie nein sagte. Nun war er doch da, der verdammte Kloß im Hals. Plötzlich fühlte er Christinas Hand in seiner liegen. Weich und warm. Und dann die Überraschung. Sie fragte: «Was machst du morgen Abend? Wenn du nichts vorhast, wir könnten uns treffen.»

Chris brachte sie nach Hause, ins Nobelviertel der Stadt. Dahin, wo hinter den hohen Hecken und gewundenen Auffahrten oft nur ein kleines Stück der Häuser zu sehen ist. Manchmal gar nichts. Vor dem elektronisch gesicherten Tor: Herzklopfen. Klopfen. Klopfen. Streichelblicke und ein ganz zarter Kuss.

25,00-360,76-4,85-36,49-152

7

FAHRSCHULE SCHNAUTZ

Chris las das große Messingschild und staunte. Alle Achtung! Der hat sich ganz schön gemausert, vom Busfahrer zum Unternehmer. Vor drei Jahren war er noch bei uns Stammgast auf dem Sofa und wetterte beim Doppelkorn über die Wechselschichten. Er klopfte.

«Herein!»

Hinter dem Schreibtisch saß Herr Schnautz, die Beine bequem übereinander geschlagen, und knabberte Kekse.

«Na so was, der Chris! Bist ja kaum noch wiederzuerkennen. Ja, ja, aus Kindern werden Leute, das ist der Lauf der Welt. Und? Wie geht's, was macht der Papa, ewig nicht mehr gesehen, grüß ihn mal von mir. Aber nicht vergessen!»

«Mach ich», sagte Chris.

Herr Schnautz schob Chris die Kekspackung über den Tisch. «Hier, probier mal, Karamell mit Nougatcreme!»

Chris winkte ab. Herr Schnautz kaute. «Meine Großmutter sagte immer: Zucker ist Nervennahrung. Und Nerven brauchst du in diesem Job, wie Drahtseile, das kann ich dir flüstern. Hier machst du was mit. Neulich wäre ich fast über die Wupper gegangen und der Knallfrosch neben mir gleich mit: Fährt mit einem Affenzahn auf eine rote Ampel zu, ich brülle: Huf vom Gaspedal!, aber der brettert volles Rohr über die Kreuzung. Wenn's mitten in der City passiert wäre, könnte ich jetzt die Kartoffeln von unten betrachten.»

Er stöhnte auf und stopfte zwei Kekse auf einmal nach.

«Die anderen Spezis sind diese lahmarschigen Spinatköpfe, die wie die Schnecken um die Ecken schleichen und den ganzen Verkehr blockieren. Was soll ich dir sagen, das Geschäft ist hart.»

«Glaub ich.» Chris nickte zustimmend und dachte: Dummschwätzer, aber egal, wegen mir kann er noch Stunden so weiterbrabbeln, Hauptsache, sein Angebot stimmt.

Herr Schnautz stippte mit der angefeuchteten Fingerspitze Kekskrümel vom Schreibtisch auf, rückte die Beine nebeneinander und setzte sich zum Zuhören zurecht. «Na ja. Schnee von gestern. Wo brennt's?»

«Nirgends», fing Chris an, «ich will den Führerschein machen, aber erst mal abklären ...»

«Kein Problem», unterbrach Herr Schnautz. «Wenn wir gleich im Januar anfangen, hast du spätestens im März den Lappen, kannst dich allein hinters Steuer klemmen und die Reifen quietschen lassen.»

Er griff nach einem Prospekt. «Hier ist er, schwarz auf weiß, der Kostenplan: Grundgebühr, Fahrstunden, Sonderfahrten, Lehrmaterial, Prüfergebühr und so weiter, macht, über den Daumen gepeilt, circa 1 800 Euro. Anzahlung achthundert, und du bist dabei! Der Rest geht locker in fünf Häppchen von je 200.»

«Eigentlich dachte ich», Chris zögerte, «dass ich vielleicht die Gesamtsumme ratenweise abstottern könnte, weil ich im Moment nicht so flüssig, also, ich meine, ich stelle mir vor ...»

Herr Schnautz ließ ihn nicht ausreden. Mit einem Schnauben klatschte er die Hände auf die Schenkel und schüttelte den Kopf. «Nein, so geht's nicht. Wie kann dir denn so eine Idee ins Hirn fliegen? Chris, du bist ein netter Typ, absolut in Ordnung, aber Geschäft ist Geschäft. Stell dir mal vor, jeder käme mir auf diese Tour, dann könnte ich glatt meinen Laden dichtmachen. Das musst du doch verstehen. Von nichts kommt nichts.»

Chris starrte ihn einige Augenblicke an. Dann sagte er langsam: «Klar, versteh ich ja, aber in diesem Fall, ich meine, ich bin doch nicht jeder!»

«Und ich bin nicht deine Bank, da musst du hin, wenn die Finanzen klemmen, die liefern dir das schnelle Geld. Meinst du, meine Autos laufen auf Rädern? Die laufen auf Kredit. Umsonst ist nichts. Wer lebt denn heutzutage nicht auf Pump? Verschaff dir Spielraum, und wir beide sehen zu, dass du mit den Fahrstunden ganz unten an der Grenze bleibst. An der Stelle kann ich für dich was drehen. Das ist mein Angebot! Einverstanden, alles klar?»

Chris zuckte resigniert die Schultern und nickte dann.

«Und jetzt zieh mal nicht so eine grauenvolle Flutsche. Wer wird sich denn so hängen lassen? Doch nicht so ein Kerl wie du. Das ist die Sache doch nicht wert.»

Herr Schnautz sah ihn prüfend an, zurückgelehnt in seinem Stuhl, kippelnd, dann fuhr er plötzlich hoch, setzte sich aufrecht und erklärte knapp: «Tut mir Leid, Chris. Zeit ist Geld, ich hab noch 'ne Menge Termine.» Stand auf, schob ruckartig seinen Stuhl zurück und stand jetzt ganz nah vor Chris. Sein Atem roch süßlich nach Nougatcreme. «Sieh mal, Junge, die Sache ist doch die, man soll grundsätzlich nie Sachen miteinander verrühren, die nicht zusammenpassen: Geld und Freundschaft. Das gibt nur Ärger. Wenn's ums Geld geht, hört die Freundschaft auf.»

8

Samstagmorgen. Chris stand vor dem großen Badezimmerspiegel und zog Grimassen: abwärts gebogene Mundwinkel, aufgeblasene Backen. Rasieren muss ich mich noch, duschen, Haare waschen, Nägel schneiden – das ganze Programm. Und die Zahnbürste einpacken. Und Christina anrufen. Hoffentlich hat sie nicht schon versucht, mich über mein Handy zu erreichen.

Das lag nämlich in der Werkstatt, verschlossen im Spind, vergessen, sicher geparkt bis zum Montag.

Bescheuert, dachte Chris. So was kann nur mir passieren.

Bis spätestens elf wollte sie anrufen, grünes Licht geben für ein Wochenende bei ihr zu Haus. Ihre Eltern hatten einen Kurztrip geplant, nach München oder Hamburg. Egal, Hauptsache weit genug weg.

Was sagt die Uhr? Wo ist die überhaupt? Im Zimmer oder hier im Bad, Mann, bin ich durch den Wind!

Sein Suchblick traf sein Spiegelbild. Er sah sich direkt in die Augen, als starre ihn eine fremde Person an. Chris atmete ein paar Mal tief durch: Mann, du bist ja kurz vorm Durchdrehen. Schalte mal runter. Freu dich nicht zu früh. Noch ist doch überhaupt nicht hundertprozentig sicher, dass ihre Eltern übers Wochenende abdüsen und du mit ihr die ganze Nacht bei ihr zu Haus zusammen sein kannst. Vielleicht sind sie aber auch schon längst auf Achse. Dann allerdings hat sie, wie verabredet, mich schon angerufen. Auf dem Handy. Das in der Werkstatt geklingelt hat. Schöne Scheiße! Wollte sagen, ich soll kommen, jetzt, gleich, hat mich nicht erreicht, sich gedacht, was soll denn das bedeuten, will der nicht mehr, oder was ist los? Verdammt, das wär das Letzte! – Ich muss ans Telefon. Sofort.

Chris hastete die Treppe hinunter. Hörte schon auf dem Flur Sandras Stimme. Sie telefonierte. An der Art, wie sie redete, war ihm

auch sofort klar mit wem. Mit diesem Jens, in den sie sooo ver-
knallt ist, der ja sooo süß ist, mit dem man, wie sie sagt, über den
Planeten schweben kann – oh, das kann dauern. Ich gebe ihr noch
fünf Minuten.

Chris ging in die Küche. Machte den Kühlschrank auf, machte
ihn wieder zu, ohne etwas herauszunehmen. Dann hielt er es
nicht länger aus, riss die Wohnzimmertür auf, sah seine Schwes-
ter, wie sie mit dem Hörer in der Hand in Kreisen durchs Zimmer
lief. Sie hatte keinen Blick für Chris, nicht einmal, wenn sie auf
einer ihrer Runden direkt an ihm vorbeikam. Da half nur eins: sie
mit einem Griff festhalten und ihr direkt die Frage in die Ohren
brüllen: «Hat Christina angerufen?»

Sandra deckte eine Hand über den Hörer, drehte die Augen zur
Decke. «Ja, hat sie. Aber wenn du mich nicht sofort loslässt,
kriegst du kein Wort aus mir raus!»

Chris ließ sofort locker.

«Du sollst so um zwölf aufkreuzen, dann wäre die Luft garantiert
rein, oder so ähnlich, und was mit deinem Handy los ist, wollte
sie noch wissen und …»

«Und was noch?»

«… noch was extrem Wichtiges, so extrem, dass ich mir noch gedacht habe, Sandra, das darfst du nicht vergessen!» Sie überlegte
kurz, hob die Schultern, grinste: «Es fällt mir nicht mehr ein! Es
sei denn, du spendierst mir …»

«Alles!», knurrte Chris.

«Zwei Kinokarten, Cola und Popcorn!»

«Versprochen!»

«Beschlossen und verkündet?»

«Ja, verdammt noch eins!»

«Also gut: Du sollst mindestens ein Sixpack von den extra starken
Gefühlsaktiven mitbringen, Marke Herzilein oder Wunderkerze,
rot oder schwarz, auf jeden Fall die mit dem Vielfrucht-Aroma.»

Chris blieb fast die Spucke weg. «Sandra, du bist das größte Mist-stück, das ich kenne!» Es klang fast zärtlich.

25,00-360,76-4,85-36,49-152

9

Zu Hause bei Christina sah alles so aus, wie Chris es sich vorgestellt hatte. Er dachte: Genau wie in diesen Luxusläden, wo die Bonzen für 'nen simplen Papierkorb locker zwei Grüne hinblättern.

An den Wänden hingen große Graphiken und Gemälde, in glä-sernen Vitrinen schimmerte Porzellan.

Chris deutete auf eine mit Drachen und Pagoden blau bemalte Vase. «Chinesisch?»

Christina nickte.

«Die ist doch mit Sicherheit irrsinnig viel wert. Wie viel denn so ungefähr?»

«Was weiß ich? Solche Stücke ergattern meine Eltern auf Auktio-nen, in London oder in New York. Und was mein Vater dafür zahlt?» Sie zuckte mit den Schultern. «Ist das so wichtig?»

Seine Antwort klang sehr schroff: «Es war nur eine Frage!»

«Chris», sagte Christina ruhig. «Ich habe keine Ahnung, über Geld redet er so gut wie nie!»

«Klar. Ist kein Thema: Warum auch? Man hat es, das genügt.»

Auf dem Kaminsims standen gerahmte Fotos, eins davon zeigte einen Mann mit silbergrauen Schläfen, er lachte mit sehr weißen Zähnen in die Kamera. Auf Chris wirkte er wie ein Fels: kompakt, strotzend von Reichtum und Zufriedenheit, ohne Spuren von Zweifel am Leben.

«Ist er das?», fragte Chris und bekam urplötzlich eine Wahnsinns-wut. «Was dein Vater in einem Monat an Geld macht, das ver-dient meiner nicht einmal in einem Jahr. Was heißt da Jahr? In drei Jahren nicht!»

Chris biss sich auf die Lippen. Mann, reiß dich zusammen, sagte er sich noch, brems dich ab. Du bist drauf und dran zu platzen. Aber er konnte nicht mehr an sich halten.

«Diese Typen mit ihren fetten Konten auf der Bank, die interessiert doch einen Dreck, was draußen wirklich abgeht. Die kaufen Vasen in New York!»

Christina wurde eisig. «Und? Was willst du damit sagen? Dass ich dran schuld bin, was hab ich damit zu tun?»

Chris beschrieb mit dem Arm einen weit ausholenden Kreis.

«Guck dich doch um. Das sahnst du alles irgendwann mal ab. Du lebst ja jetzt schon wie in Zuckerwatte: Kriegst als Belohnung für dein Abi nicht nur den Führerschein bezahlt, sondern mit Sicherheit noch ein schnelles Auto dazu. Das ist doch nicht gerecht!»

Christina schwieg. Zuckerwatte, dachte sie. Es stimmt, ich krieg so ziemlich alles, was ich will. Mir fehlt gar nichts, ich hab alles. Eine ganze Weile standen sie beisammen, wie gelähmt, stocksteif, und starrten auf das Teppichmuster. Dann drehte sich Christina um, warf sich aufs Sofa, stopfte zwei Kissen unter den Kopf und guckte hoch zur Zimmerdecke. Verdammter Mist. Wenn er noch lange motzt, setzt er das ganze Wochenende in den Sand. Ein Satz: Christina, ich bin ausgerastet, tut mir Leid, war nicht so gemeint, ein Kuss und alles würde wieder auf die Reihe kommen.

Othello schnarchte auf dem Teppich.

Es klingelte. Das Telefon. Vielleicht mein Vater, das fehlt jetzt noch, ich geh nicht ran. Othello hob die Schnauze, spitzte die Ohren, gähnte, reckte sich und leckte mit seiner rauen Zunge über ihre Hand.

«Chris!» Sie sah ihn fragend an, ging zu ihm, griff nach seiner Hand und hielt sie fest. «Der Hund muss raus, gehst du mit?»

Chris nickte und zog sie an sich, küsste sie erst auf die Nasenspitze, dann auf den Mund.

Othello bellte ungeduldig.

10

Am nächsten Tag: Gemütlich verkuscheltes Frühstück im Bett. Mit Kuchen, Kaffee und Krümeln.

«Ich finde», sagte Christina, «unser Streit von gestern war eigentlich gar nicht so schlecht. Hab neulich gelesen: Man kann sich auseinander leben, man kann sich aber auch zusammen krachen. Da ist was Wahres dran, ich glaube, ich versteh dich jetzt einfach viel besser!»

11

Mittwoch in der Bank.

Jeder Mensch hat Wünsche.

Ihre Wünsche haben bei uns Kredit.

Was immer Sie sich gönnen wollen, mit einem Kredit werden Ihre Wünsche sofort wahr: schnell und einfach. So leicht geht das.

Bringen Sie Farbe in den Alltag.

Ganz gleich, worum es geht: Gemeinsam finden wir die Lösung, die auf Ihre persönlichen Wünsche zugeschnitten ist. Sprechen Sie mit uns. Wir freuen uns auf Ihren Besuch. Wir sind der Partner auf Ihrer Seite und helfen Ihnen jederzeit.

Chris stand in der Kundenhalle und blätterte in den Werbebroschüren.

Geld gibt's jetzt im Angebot.
Steigern Sie jetzt Ihre finanzielle Freiheit.
Verzichten Sie auf nichts mehr!

Träume sind gut. Unser Kredit ist besser.

Und dieses Jahr ist sogar das Geld billiger. Denn bei uns sind jetzt Kreditwochen mit Sonderkonditionen, so weit das Auge reicht. Darum heißt es jetzt handeln.

Wir machen Sie fit mit einem Kredit.

Machen Sie Nägel mit Köpfen, geben Sie sich nicht mit weniger zufrieden.

Kaufen ohne Kompromisse, kaufen ohne Stress.

Den hatte der Typ auf dem knallbunten Foto auch mit Sicherheit nicht. Im Gegenteil, der flippte vor Begeisterung fast aus.
Der Schnautz hat Recht, dachte Chris. Wer lebt heute nicht auf Pump? Ruck, zuck macht die Bank die Kohle klar. Und ich Idiot hab mir vorher fast ins Hemd gemacht.

Die Bank. Der Weg. Das Ziel.

Nicht warten, sondern starten.

Wir machen den Weg frei.

Chris musste grinsen. Er sah riesige Maschinen vor sich, Räumkommandos, Kräne, Bagger, Brummis, Blaulicht. Hinter den Frontscheiben hockten schnieke Banker im Anzug, Hemd, Krawatte, und aus ihren Mikrophonen dröhnte der Befehl: Platz frei für Christoph Riemann! Aus dem Weg! Und wer nicht spurt, wird platt gewalzt!

Wir kommen Ihnen entgegen.
Bauen Sie auf unsere Erfahrung.
Ihr persönliches Beratungsteam ist immer für Sie da.

Chris blätterte weiter. Privatkunden R-S. Das persönliche Beratungsteam im Bild: Alle strahlten ihn an, mit einer Art von un-
bändiger Vorfreude im Gesicht, als hätten sie schon lange auf ihn
gewartet und wären nun ganz wild darauf, seine Wünsche zu erfüllen. Chris fand: Besonders die Blonde, die Zweite von rechts,
sieht wirklich knackig aus.

Immer mehr Menschen schenken uns ihr Ver-
trauen.

Aber auch die Erwartungen und Anforderungen an uns sind ge-
stiegen. Das Angebot an Finanzdienstleistungen ist wesentlich
umfangreicher geworden. Mehr Zeit für das persönliche Gespräch
ist gefragt. Deshalb haben wir extra für Sie umgebaut und die ge-
samte Raumsituation so gestaltet, dass die Bereiche für den persönlichen Kontakt nun noch angenehmer und komfortabler sind.

Chris schaute sich jetzt, nach dem Umbau, die Kundenhalle sei-
ner Bank genauer an: hochglänzender Granitfußboden, Marmor-
säulen, viel blitzendes Chrom und Glas, beruhigend plätschernde
Brunnen und beleuchtete Palmen und Farne. Die Blonde aus dem
Werbeprospekt war leider nirgends zu sehen. Sein «Partner» hieß
Heribert Kunz: gedeckter Anzug, helle Krawatte, gepflegter Kurz-
haarschnitt.
«Herr Riemann, nehmen Sie doch bitte Platz. Was kann ich für
Sie tun?»
Herr Kunz verströmte die Art professioneller Freundlichkeit, die
einen hoffen lässt, tatsächlich selbst gemeint zu sein.
«Tja», sagte Chris, stockte plötzlich, musste sich räuspern und er-

klärte dann, wegen des Führerscheins brauche er einen Kredit und … Herr Kunz unterbrach: «Verstehe, Herr Riemann, ist völlig klar. In Ihrem Beruf ist der das absolute Muss, und so lange die Verwendung vernünftig ist, spricht nichts gegen einen Kredit.»

Chris nickte. Der Mann ist in Ordnung, kein bisschen von oben herab. «Also gibt's keine Probleme?»

Herr Kunz winkte ab. «Probleme sind unser Tagesgeschäft. Achthundert sagten Sie?»

Chris nickte wieder.

Jetzt kratzte sich Herr Kunz am Kopf und zog die Augenbrauen hoch. «Das lässt sich ohne Aufwand in die Wege leiten. Die Sache ist nur die, zu knapp sollte niemand kalkulieren. Wie heißt es so schön? Unverhofft kommt oft! Wer kennt das nicht? Aus heiterem Himmel stehen plötzlich unvorhersehbare Ausgaben an, und Sie rutschen blitzschnell in den roten Bereich. Gerade jetzt, kurz vor Weihnachten, kann es eng werden. Man kauft Geschenke, eins kommt zum andern, na, Sie wissen ja, wie das so ist. Mit anderen Worten, empfehlenswert ist ein gewisses Reservepolster, etwas Bares braucht der Mensch. Wie sieht denn Ihr finanzieller Spielraum aus?»

Statt einer Antwort senkte Chris den Daumen steil nach unten.

«Ja, ja!», sagte Herr Kunz verständnisvoll. «So geht's uns allen mehr oder minder. Wir kommen Ihnen selbstverständlich gern entgegen, dazu sind wir ja schließlich da. Was halten Sie von folgendem Vorschlag, Moment, das haben wir gleich, ich schau nur kurz mal rein.»

Seine Finger flogen über die Computertastatur.

«Wie wäre es mit einem Ratenkredit über rund eintausendfünfhundert?»

Es klang wie an der Käsetheke im Supermarkt, wenn die Verkäuferin zu viel auf die Waage gelegt hat. Dann fragt sie: Dürfen es drei Scheibchen mehr sein?

Herr Kunz lehnte sich zurück und schlug ein Bein über das andere. «Grundsätzlich einverstanden?»

Chris war erleichtert. «Klar, das klingt gut!»

«Den Betrag können wir Ihnen schnell und unkompliziert zur Verfügung stellen, und zwar mit einer Laufzeit über zwei Jahre und einer monatlichen Tilgungsrate ab 1. Januar von 74 Euro und 35 Cent.»

Chris unterschrieb. Sie trennten sich mit einem Händedruck.

«Frohes Fest und einen guten Rutsch ins neue Jahr, Herr Riemann.»

«Danke, Ihnen auch.»

Er wäre am liebsten in die Luft gesprungen. In ein paar Tagen hat der Schnautz sein Geld, und ich kann endlich starten. Draußen wehte ein heftiger Wind, am Himmel ballte sich blauschwarzes Gewölk zusammen, es sah nach Regen aus. Chris überlegte: Wenn ich jetzt auf die Tube drücke, kann ich die Linie 8 noch erwischen. Er hetzte durch das weihnachtliche Verkaufsgewimmel und war kurz vor der Haltestelle, als der Bus an ihm vorbeirauschte und hielt. Eine knappe Minute zu früh. Er rannte, obwohl es kaum noch eine Chance gab. Gnadenlos klappten die Türen zu, bis auf eine, die hatte irgendjemand für ihn von innen gedrückt. Glück muss man haben, dachte Chris. Ich habe es. Heute läuft alles nach Plan.

25,00-360,76-4,85-36,49-152

12

Zwei Tage vor Weihnachten gingen Christina und Chris ins Theater, es wurde *Kabale und Liebe* gespielt. Christina hatte erklärt: «Das Stück lesen wir gerade im Deutschkurs, kann sein, es kommt im Abi dran, und deshalb muss ich es unbedingt sehen.»

Chris war noch nie im Theater gewesen, ihn faszinierte vor allem die Technik, die elektronisch gesteuerte Lichtregie, die Strahler, Verfolger, Fluter und Kegel. Nur mit der Handlung kam er nicht ganz klar. Außerdem fand er, die Sprache klang so künstlich, so hochgeschraubt; er schaute verstohlen auf die Uhr. Erst in zwanzig Minuten Pause!

Und im Foyer, mitten im Geschiebe und Gedränge an der Bar, platzte Christina völlig unvermittelt mit einer Nachricht heraus, sprudelnd, schnell, so, als ob sich ein Ventil geöffnet hätte: «Was ich dir jetzt sagen muss, das schleppe ich schon die ganze Zeit mit mir herum, morgen fliege ich nach Florida, mit meinen Eltern, wie jedes Jahr um diese Zeit, wir haben da nämlich ein Haus, und ich bin erst in drei Wochen wieder zurück, bitte, Chris, bitte, raste jetzt nicht aus!»

Chris zuckte richtig zusammen, um ein Haar wäre ihm das Glas aus der Hand gefallen.

«Was? Das kann doch nicht wahr sein! Und damit rückst du auf den allerletzten Drücker raus?»

Christina schluckte.

«Wann hätte ich denn damit herausrücken sollen?»

«Auf jeden Fall viel früher!»

Christina winkte ab. «Und was hätte das gebracht? Wochenlang Dauerstress. Du wärst stocksauer gewesen, das weißt du doch selbst, hättest mal wieder über die Bonzen getobt, die wie die Maden im Speck leben mit ihren Häusern in den USA und sonst wo auf der Welt, du hättest die ganze Oper gesungen, und davor hatte ich eben Schiss. Ist das so schwer zu verstehen?»

Plötzlich kippte ihre Stimme, wurde immer leiser, vermischte sich mit den Sätzen der Leute ringsum, dem Gelächter, dem Rufen nach Bedienung, dem Klirren der Gläser und dem Klappern der Kaffeetassen. Aus all dem Lärm hörte er immer nur einzelne Worte heraus, Töne, die aufsprangen und wie Blasen zerplatzten. Er fühlte sich wie betäubt, sah die Situation, die ganze Szene wie durch einen Filter. Christina hatte beim Sprechen den Kopf gesenkt, ihre Haare fielen in Strähnen nach vorn, sodass ihr Gesicht kaum zu sehen war. Als sie ihn wieder hob, konnte er die Unterlippe zucken sehen. Und plötzlich tat sie ihm Leid.

«Ich verstehe dich ja. Aber versteh mich doch auch.» Sein Arm rückte sanft an ihren. «Drei Wochen. Drei lange Wochen. Wie soll ich denn die überstehen? Ich vermiss dich ja jetzt schon, wenn ich nur daran denke. Aber ich ruf dich an, das sag ich dir, ich ruf dich jeden Tag an. Das willst du doch auch, oder?»

Christina griff nach seiner Hand, streichelte sie.

Der Gong tönte. Ende der Pause. Sie blieben stehen, dicht aneinander gedrängt.

«Gehen wir?», fragte Christina und drehte den Kopf Richtung Ausgang. «Von Kabale hab ich für heute genug.» Sie versuchte ein Lächeln. «Von der Liebe noch nicht.»

Auf dem Weg über den weichen Boden der verlassenen Gänge hörten sie entfernt und ganz leise Stimmen aus dem Saal.

Draußen vor dem Theater hatte es einen Unfall gegeben. Ein Taxi war seitlich auf einen Lieferwagen geprallt. Die Fahrer schimpften, Leute blieben stehen, Glassplitter lagen auf der Straße. Blechschaden. Sie schauten gar nicht mehr hin.

25,00-360,76-4,85-36,49-152

13

Am Neujahrstag wachte Chris erst nachmittags auf, sein Kopf brummte immer noch, stechende Schmerzen bohrten hinter den Schläfen. Er stöhnte leise auf: Mann, was haben wir einen gekippt, so zu war ich noch nie, nur mit Daniel und Carsten kann man derart versacken.

Früher waren sie unzertrennlich gewesen, Kumpels durch dick und dünn: Sie hatten gemeinsam die Schule geschwänzt, Skat gekloppt und Billard gespielt, sich mit den Gangs aus der Nordstadt gekeilt und über alles geredet, was wichtig war.

Später, nachdem die Schule sie «feierlich ins Leben» entlassen hatte, zog Carsten nach Bayern, um Brauer zu werden, und Daniel war seit kurzem beim Bund.

Die beiden kamen immer seltener nach Hause, nur noch zu Weihnachten und zu anderen Familienfesten. Ihre Freundschaft war dadurch nicht eingeschlafen, aber so wie in den alten Zeiten war es auch nicht mehr. Sie redeten über Fußball, Fernsehen und Autos und vor allem über die Streiche von einst. «Weißt du noch ...?» So fingen viele Sätze an, und dann lachten sie laut und lang.

Über den Kredit bei der Bank hatte Chris kein Wort verloren, denn die beiden schienen so top bei Kasse zu sein, dass ihm das Thema peinlich war. Zu Hause wusste auch niemand davon. Der Krach wäre vorprogrammiert, die Eltern würden im Dreieck springen. Gerade sie, die mit jedem Cent geizten.

Chris stand sehr langsam auf, ging ins Bad, warf zwei Aspirin ins Wasserglas, blieb mit gekreuzten Armen einen Augenblick lang reglos stehen und versuchte sich zu erinnern.

Der Abend hatte im HULLI GULLI begonnen. Zwanzig Euro Eintritt. Vor der Disco Einlassstau. Drinnen jagten mindestens 100 000 Watt durch die Gehörgänge. Die Luft gefüllt mit Rauch und Schweiß. Chris sah sich um. «Mann, ist das hier proppenvoll!» Sie schoben sich durch das Gedränge. Mit Carsten war er sofort einer Meinung: erst mal ein Bier oder zwei. Daniel steuerte sofort die Tanzfläche an. Um nur in ihre Nähe zu kommen, brauchte man schon ziemlich viel Geduld. Und wer es bis dahin geschafft hatte, kam meist mangels Platz über den angedeuteten Hüftschwung zu Hip-Hop, Rock und Party-Krachern wie «Walking on the sunshine» kaum hinaus.

Sunshine. – Oft genügte nur ein Wort, um Gedanken an Christina auszulösen. Sunshine, Palmen, kilometerlange weiße Strände. Und dann waren sie wieder da, die Sehnsucht und die Eifersucht. Eifersucht ist Angst vor dem Vergleich! Den Satz hatte Chris irgendwo aufgeschnappt und schon damals gedacht: Volltreffer, stimmt haargenau. Wenn er sich jetzt mit all den gelackten Beachboys vergleichen lassen musste, mit diesen Typen, die schon mit einem goldenen Pisspott auf die Welt gekommen waren, dann gingen seine Chancen gegen null. Und bestimmt war mit einem von denen längst was am Laufen.

Gegen diese Phantasien sich zu wehren fiel schwer. Er brauchte bloß zufällig ein Plakat zu sehen: «Come to Florida and feel alright», und schon quälte ihn die Eifersucht. Dann versuchte er sich zu beruhigen: Sie liebt mich doch. Auf solche Typen steht sie nicht. Das hat sie oft genug gesagt.

Aber diese gegensätzlichen Gedanken wucherten wie Schilfhalme im Wasser, nebeneinander und miteinander. In ständiger Konkurrenz. Versuchten sich gegenseitig klein zu halten, ohne dass einer von ihnen es schaffte, für sich allein genügend Raum zu schaffen.

Chris hatte sie erst gestern wieder angerufen. «Du fehlst mir!», gesagt. «Ich vermisse dich!» Und sie hatte geantwortet: «Ich dich auch!», und sofort darauf begeistert von ihrem Tauchkurs erzählt: «Das ist, als ob du in ein Aquarium springen würdest. Das muss man erlebt haben, das kann man nicht beschreiben. Um dich herum nur Fische, in allen Farben, unglaublich, phantastisch!»

Und ihm war nichts Besseres eingefallen, als zu fragen: «Und die Typen, wie sind die denn so? Auch so phantastisch wie die Fische?»

«Was soll denn das jetzt?»

«Erzähl mir bloß nicht, beim Tauchen würdest du nicht neue Typen kennen lernen!»

«Klar, tu ich das, oder denkst du, dass ich allein runtergehe?»
«Nein, natürlich nicht. So hab ich das nicht gemeint.»
«Wie hast du's dann gemeint?»

Carsten hatte ihn schließlich vom Barhocker runtergezerrt: «Häng nicht so rum. Schlechte Laune gibt's hier nicht! Auf, los, rein ins Getümmel!»
Sie bemühten sich, Schritt zu halten mit dem Überschalltakt, die DJs gönnten niemand eine Pause. Zwischen Stroboblitzen waren nur noch Schemen erkennbar. Daniel war längst irgendwo im Kunstnebel untergetaucht. Lange hielten sie nicht durch. Die Hitze, der Lärm, die Zunge klebte am Gaumen. Rückzug zur Theke, schweißgebadet. Chris schnappte nach Luft. «Was trinken wir jetzt?»
Die Wahl fiel auf Wodka Lemon, fünf Euro das Glas. Chris kippte den Ersten. «Hier muss man tanken ohne Reue. Einmal ist keinmal.»
Es blieb nicht bei einem. Die Cocktails schmeckten auch nicht schlecht, und als sie endlich Daniel losgeeist hatten, war Chris so um die dreißig Euro ärmer, ganz abgesehen von dem Eintrittspreis.
Die nächste Station war das BUBBLES.
Sie beschlossen: «Da trinken wir nur noch ein Absackerbier.»
Im BUBBLES stand Benni am Tresen, der schmiss eine Runde. «Prost, Chris, altes Haus!»
Sie spülten den Streit von damals herunter. Was soll's, dachte Chris und nahm einen großen Schluck. Vorbei und vergessen.
Er war schon ziemlich betrunken und konnte kaum noch stehen, als um Mitternacht die Korken losknallten und der Sekt aus den Flaschen schoss. Alle fielen sich in die Arme, und Chris fühlte sich plötzlich in all dem Getöse sehr allein. Er dachte an Christina, sie war so verdammt weit weg.

Seine Finger begannen zu rechnen, sechs Stunden Zeitdifferenz, drüben ist es jetzt später Nachmittag. Sunshine. Und wahrscheinlich macht sie jetzt, gerade in diesem Moment, so ein gottverdammter Mistkerl an.

Schlagartig wurde ihm speiübel: der Magen, der Kopf, das Bier. Er stolperte wankend zum Klo, drehte den Wasserhahn auf, hielt den Kopf unter den eiskalten Strahl und ließ die kleinen Wasserbäche den Hals hinunterlaufen. Sein Kopf wurde kühler, aber die Gedanken darin nicht klarer. Er war tropfnass, es war ihm egal, er wollte nur noch nach Hause, ins Bett und nie mehr versacken. Das nahm er sich jedenfalls vor.

25,00-360,76-4,85-36,49-152

14

Herr Schnautz zog den Autoschlüssel aus der Hosentasche und warf ihn Chris zu. «So, dann wollen wir mal. Steig ein!»

Chris fing den Schlüssel blitzschnell auf und strahlte. Jetzt ist es so weit, jetzt kann ich endlich starten.

Herr Schnautz drückte den Rücken gegen den Autositz und klopfte einladend auf den freien Platz hinterm Steuer. «Aufgeregt? Lampenfieber?»

Chris legte den Sicherheitsgurt an.

«Eigentlich nicht», sagte er, und das war kein bisschen gelogen, denn die Vorfreude war viel größer als dieses kleine nervöse Kribbeln im Bauch.

«Also dann: Fertig machen zum Fahren, Gas geben, Kupplung hoch bis zum Schleifpunkt, Handbremse öffnen, und ab geht die Post!»

Er fuhr langsam an.

«Erst rechts, dann die Nächste links, Achtung, Gegenverkehr! Gut gemacht, und jetzt weiter. – Die Kupplung nicht so weit hochnehmen, sonst rappelt's. – Siehst du da vorne an der Ampel den Fußgänger?»

«Ja!», nickte Chris.

«Und was hat er gemacht?»

«Er hat schon die Ampel gedrückt, also Gas weg!»

«Sauber beobachtet!»

Herr Schnautz sah sehr zufrieden aus und schnalzte anerkennend mit der Zunge.

«Fernziel suchen, damit die Richtung stimmt, da vorne ist ein Halteschild!»

Chris reagierte sofort.

«Auf die Straßenmitte achten, du sitzt ja mit dem Hintern auf der weißen Mittellinie! – Ja, so ist's besser, und jetzt in die Kurve. Mit den Augen abtasten, mit der Hand vorgreifen, aufbauen, Power, Power, guck, wie der Kurvenbogen läuft, lenk ihn schön mit, und den Innenbogen halten! – Spitze, Chris, du bringst Grips in den Gasfuß rein! Klasse! Manche Deppen lernen das nie. – Wozu sind die Geraden da?»

«Zum Schalten und zum Bremsen!»

Was für ein Superfeeling!, dachte Chris, als er nach einer Stunde das Auto dicht am Bordstein parkte. Die Vorderräder zeigten exakt geradeaus.

Herr Schnautz klopfte ihm mehrmals anerkennend und mit Nachdruck auf die Schulter. «Junge, du hast's im Blut! Das macht dir so schnell kein Anfänger nach. Auto fahren scheint dein Ding zu sein, das merke ich sofort, so was hab ich im Urin. Das war Spitzenklasse!»

Chris spürte, dass er rot anlief: So viel Lob auf einmal.

15

Eine Woche später.

In der kleinen Werkstattkantine gab es Hähnchen mit Pommes, nicht den üblichen pampigen Fraß. Chris saß mit den anderen Lehrlingen zusammen an einem Tisch, direkt neben der Essenausgabe. Es lärmte und hallte, ein ständiges Kommen und Gehen, dazu das Geschepper der Teller. Jeder hatte hier seinen Tisch und an dem Tisch seinen Stammplatz. Fast wie zu Hause, hatte Chris gedacht, als er zum ersten Mal in der Kantine aß.

Die neuen Automodelle waren auf dem Markt, in den Printmedien lockten ganzseitige Anzeigen, die neuesten Testberichte lagen vor. Das war ihr Thema. Sie fetzten sich über Schwächen und Stärken der verschiedenen Typen, fachsimpelten über Bremstechnologien, Airbagauslösungen, Überrollsensoren, Drehmomente, Durchzugskräfte. Es ging hoch her. Jetzt Probe fahren, das wär's. Dirk schnippte mit den Fingern, grinste breit. «Was heißt hier Probe fahren. Kaufen. Luxus pur, zum Beispiel den Aston Martin Vanquish. Kostet schlappe 120 000 Euro. Man gönnt sich ja sonst nichts. Jedenfalls ist der kaum noch zu toppen: 460 PS starker 6-Liter-V12-Motor, beschleunigt in 4,6 Sekunden auf 100, Top-Speed 306 km / h.»

Chris spielte mit: «Also für mich käme der durchaus auch in die engere Wahl. Schon wegen der Extras: Kugelfang, Nebelwerfer, Reifenaufschlitzer, Ölspritzer und Schleudersitz. Was man dringend so täglich braucht, das hat er drauf.»

Ingo winkte ab. «Schrottkarre. Ein Auto, das mit nur zehn Getränkehaltern ausgerüstet ist, kommt für mich nicht infrage. Da geh ich doch lieber zu Fuß!»

Florian, wie Chris Azubi im dritten Jahr, hatte die ganze Zeit über wie abwesend an seinem Hähnchen herumgesäbelt und ins Leere geblickt. Nun schob er den Teller beiseite und sah Ingo an.

«Genau, und zwar zum Arbeitsamt! Oder hat hier niemand Angst um seinen Job?»

Dirk grinste und sagte das, was alle dachten: «Wenn ich so ein Lahmarsch wäre, wie du einer bist, dann hätte ich die auch!»

Erst heute Morgen war dem Meister mal wieder lautstark der Kragen geplatzt. Alle konnten ihn brüllen hören: «Mensch, Florian, so lange, wie du an dem Zylinderkopf bosselst, möchte ich mal Urlaub machen!»

Florian wehrte sich nicht, stand nur auf und drehte wortlos ab.

«Dein Tablett!», rief ihm Ingo nach. «Typisch, das lässt er auch noch stehen!»

Jetzt waren sie alle einer Meinung: Immer die ewige Miesmacherei, ständig das Genöle, bei dem Mist, den der baut, hat er auch keine Chancen.

Und die Konjunkturflaute? Flaute hin, Flaute her. Die erwischt uns niemals richtig. Die kann uns im Grunde scheißegal sein. Weil keiner aufhört, Auto zu fahren. Denn ohne Auto ist man schließlich nur ein halber Mensch. So gut wie jeder denkt das, und darauf baut die Industrie. Die kratzt schon die Kurve, die gibt Gas. Und außerdem: Wer Leistung bringt, der wird auch eingestellt. Das war schon immer so und wird auch in Zukunft so bleiben.

25,00-360,76-4,85-36,49-152

16

Seit zwei Tagen schneite es ununterbrochen, dazu klirrende Kälte und schneidender Wind bei Temperaturen bis minus fünfzehn Grad. Jeden Tag war der Himmel dunkelgrau, und jeden Tag wurde die Laune des Vaters schlechter. Er ging ohnehin schnell an die Decke, die ganze Familie musste dauernd Rücksicht auf seine Empfindlichkeit nehmen.

Schon am Frühstückstisch die erste Explosion. «Scheißwetter!

Durch den verfluchten Schnee bricht der ganze Verkehr zusammen, nichts als Staus und Unfälle am laufenden Meter. Mir steht die Arbeit bis hier!»

Er schlug sich mit der Handkante gegen den Hals.

«Wenn ich meinen Bus nur von weitem sehe, kriege ich schon das Kotzen. Dieses Gerutsche im Schneckentempo, mein Zeitplan ist völlig im Eimer!»

Sandra grinste hinter der vorgehaltenen Hand: Genau das ist Klasse. In der Schule läuft deshalb so gut wie nichts. Hoffentlich hält das Chaos an!

Der Vater griff nach einer Zigarette, und alle sahen zu, wie er den Rauch tief in die Lunge zog.

«Peter!» Die Mutter machte ihr Sorgengesicht. «Nicht vor dem Frühstück und nicht dieser Ton!»

Sie legte die Hand beschwichtigend auf seinen Arm, aber er schob sie mürrisch weg.

«Wo ist die Zeitung?», fragte er hustend.

Sie lag direkt vor der Kaffeetasse. Er fing an zu blättern und polterte los.

«Hört euch diesen Blödsinn an.»

Er las absichtlich langsam, mit übertriebener Betonung und erhobener Stimme:

«Winterzauber. Gedanken zum Schnee. Jetzt zeigt uns der Winter seine schönsten Künste und formt bizarr aussehende Eiskristalle. Und wenn Hunderttausende von flirrenden Schneeflocken glänzen, beseelt uns alle, trotz mancher kleinen Beschwernisse im Alltag, nur der Wunsch, dass uns der paradiesische Winter noch lange erhalten bleibt.»

Alle lachten, verschlucktes Gekicher.

«Da gibt's nichts zu lachen!», schnauzte der Vater, und sofort hielten alle wieder den Mund. «Ich lass mich doch nicht verarschen. Wer kritzelt denn so ein Zeug?»

Er sah nach. «Das hätte ich mir gleich denken können. So was quirlt nur das Hirn einer Frau ab, einer in den Wechseljahren, da spielen sie alle verrückt. Das muss man mal klipp und klar sagen!»

Am Frühstückstisch wurde es still, so als wartete man nun auf Mutters Protest.

Sandra senkte den Kopf, nagte mit den Zähnen an der Unterlippe und ließ den Löffel in den aufgeweichten Cornflakes liegen. Das meint er nicht ernst, dachte sie, das sagt er nur so. Hoffentlich hält er endlich die Klappe.

Die Mutter bekam rote Flecken auf der Stirn, dann stand sie ziemlich abrupt auf, ging in die Küche und begann irgendwelche Dosen und Gläser im Gewürzregal zu ordnen.

Chris hatte von dem Streit kaum etwas mitgekriegt. Dass der Vater herumpolterte, kam sowieso andauernd vor. Die hatten ihre Probleme, er hatte seine. Er war in Gedanken bei Christina. Um 21.10 Uhr würde ihr Flieger landen, noch mehr als zwölf Stunden.

25,00-360,76-4,85-36,49-152

17

Winterschlussverkauf.

Schwemmen von grell bunten Werbeprospekten verstopften täglich den Briefkasten.

KAUFEN, KAUFEN, KAUFEN.

Billiger wird's nicht. Ihre Glückswoche beginnt mit sagenhaft günstigen Schleuderpreisen, Spottpreisen, Schnupperpreisen.
Superknüller, alles halb umsonst, verbilligt, ermäßigt, herabgesetzt.

Gucken kann man ja mal, hatte Chris beschlossen und sich ins Gewühl der City gestürzt. Er kaufte sich ein Brötchen mit heißem Leberkäse, belegt mit glitschigen Gurken, und blieb vor SCHICK UND SCHOCK kauend stehen. Was für eine Lederjacke, dachte er. Wirklich Spitze. Die würde zu mir passen und wär auch Christinas Geschmack. Und gar nicht mal so teuer! Im Gegenteil!

FAST GESCHENKT. REDUZIERT BIS ZU 40 PROZENT!

Fett tropfte auf seine Jeans, er merkte es nicht.
SONDERPREIS: 249 Euro.
Soll ich oder soll ich nicht? Chris überlegte. Die Hände auf dem Rücken verschränkt. 249 Euro. Wenig ist das auch nicht gerade. Andererseits – ein Sonderpreis, wahrscheinlich, ach was, was heißt wahrscheinlich, das ist mit Sicherheit ein Superschnäppchen!
Er ging in den Laden – zog die Karte, unterschrieb.

**Eine kleine Karte mit großer Wirkung,
mit uns haben Sie überall Geld und Kredit.
Schnell, sicher und bequem.
Täglich rund um die Uhr.
Genießen Sie es einfach, spontan, flexibel
und unabhängig zu sein.**

Chris war mit sich sehr zufrieden: Es gibt Gelegenheiten, die nicht wiederkommen. Ich habe sie genutzt.

Plus und Minus, Soll und Haben, Einkommen und Ausgaben –
eine Zwischenbilanz, die Chris nicht zog:

Lehrgeld	Euro 535,00	
Kostgeld		Euro 100,00
Ratenbetrag für den DVD-Recorder		Euro 43,48
Kredittilgungsrate bei der Bank		Euro 74,35
1. Rate für die Fahrschule		Euro 200,00
		Euro 417,83

Anfang Februar.

Es klingelte an der Wohnungstür. Chris machte auf. Draußen
stand ein dicklicher Mann im dunklen Anzug, mit großer Nase,
breitem Lächeln, und sagte, ohne eine Atempause einzulegen:
«Schönen guten Tag, Herr Riemann, mein Name ist Vörkel, ich
komme von der Jugendvorsorgeorganisation der Präzidentia Versicherungs AG. Wie viele Ihrer Altersgenossen befinden Sie sich
zurzeit in der Fahrschulausbildung, und da wirft sich die Frage
nach einer Unfallversicherung auf.»

Herr Vörkel holte Luft, und Chris guckte ziemlich verblüfft.

«Woher wissen Sie denn das mit dem Führerschein?»

«Wir kooperieren pflichtgemäß und verantwortungsbewusst mit
dem Fahrschullehrerverband. Sagen Sie, wo können wir uns in
Ruhe unterhalten?»

Unschlüssig blieb Chris einen Moment stehen, dann bat er ihn
herein, und Herr Vörkel schaute sich um. «Nett haben Sie's hier,
wirklich gemütlich.»

Sie setzten sich. Chris rutschte ganz vorn auf die Stuhlkante. Bei diesen Fritzen muss man höllisch aufpassen, die ziehen einen schnell übern Tisch.

Herr Vörkel knöpfte sein Jackett zu, tippte mit dem Kugelschreiber auf die Unterlagenmappe und sagte mit sehr ernstem Blick: «Worum geht's? Ich darf das mal kurz erläutern. Es geht um Ihre Sicherheit. Unfälle gehören zur Tagesordnung, keiner weiß das besser als Sie. Und was ist die Folge, wenn's einen erwischt? Die Berufsgenossenschaft deckt nur die Grundversorgung ab, raus kommt ein Trinkgeld, und Sie landen im Armenhaus. Das ist die bittere Wirklichkeit.» Chris nickte zustimmend und dachte: Was soll ich dazu sagen, es wird schon so sein.

«Und wenn der Blitz ins Leben knallt, spielen sich Tragödien ab. Machen wir uns doch nichts vor: Jeder denkt, mich trifft das nie. Berufsunfähigkeit mit fünfunddreißig Jahren, leider keine Seltenheit! Und wenn man dann nicht versichert ist», Herr Vörkel holte so tief Atem, dass es wie ein Zischen klang, «aus die Maus, dann sieht's trübe aus. Wollen Sie das riskieren?», fragte er.

«Nein, nein», sagte Chris. «Natürlich nicht!»

«Das dachte ich mir, die meisten jungen Leute von heute wissen ganz genau, wo's langgeht, und Sie gehören dazu!»

Herr Vörkel wurde nicht müde, einen hoch dramatischen Fall nach dem anderen zu schildern, und alle gipfelten in der Erlösung aus dem Elend durch die Präzidentia Versicherungs AG. 50 000 Euro zahlte sie bei Invalidität, und Chris dachte für Sekunden: Dann wär ich ein gemachter Mann!

Herr Vörkel stellte im Fachchinesisch Modellrechnungen vor, fingerte über Tabellen und empfahl schließlich einen «extrem günstigen Sondertarif, monatlich 14,76 Euro, knapp kalkuliert, speziell für Berufsanfänger».

Es kam zum Abschluss.

«Wenn Sie bitte noch hier unterschreiben würden und hier und nochmal hier. Das wär's dann. Danke schön!»

Er knöpfte sein Jackett wieder auf.

An der Wohnungstür blieb er plötzlich stehen. «Ach so, das hätte ich fast vergessen. Ich gehe mal davon aus, dass Sie noch keine Berufsunfähigkeitszusatzversicherung haben. Wissen Sie, was das ist?»

«Nein, so ganz genau nicht», sagte Chris. Er hatte nicht die geringste Ahnung.

«Stellen Sie sich mal vor, Sie kriegen von heute auf morgen eine Ölallergie, und das in Ihrem Beruf. Jeder kann dran sein, morgen schon. Dann können Sie alles an den Nagel hängen, müssen umschulen und sitzen den Eltern auf der Tasche. Schöne Bescherung! Wissen Sie was, ich schicke Ihnen mal ganz unverbindlich ein Angebot.»

Als Herr Vörkel gegangen war, hatte Chris das Gefühl, als sei er gerade nochmal davongekommen, als habe er im letzten Moment den Hals aus der Katastrophenschlinge gezogen: Unfall, Arbeitsamt, Sozialamt, Landung im Armenhaus.

Entsetzlich, was alles passieren kann. Jeder kann dran sein, morgen schon.

25,00-360,76-4,85-36,49-152

20

«Wir müssen uns mal ernsthaft überlegen, was wir mit Opa machen», sagte die Mutter, als sie nach einem Besuch bei den Großeltern nach Hause kam. «Er baut regelrecht ab, hängt den ganzen Tag herum, tut nichts, sagt kaum was, rührt sich selten vom Fleck, Omas Nerven sind am Ende. Sie weiß nicht mehr weiter. Redet sie ihm gut zu: Sieh mal, das Leben ist kurz, und um jeden Tag, den man unzufrieden lebt, ist es doch schade, antwortet er: Kann sein, aber ich habe die Schnauze gestrichen voll, ich will nicht mehr.»

Chris fiel der Western vom Vorabend ein, die Szene, wo sich der alte Indianerhäuptling in die kakteenbewachsene Bergeinsamkeit zurückgezogen hatte, um dort, still auf einer Matte hockend, auf die ewigen Jagdgründe zu warten. Quatsch, dachte er dann. Bescheuerte Idee. Doch nicht Opa!

Am nächsten Tag fuhr Chris nach Feierabend bei den Großeltern vorbei.

Oma drückte ihn fest. «Ach, mein Junge. Schön, dass du da bist.»

«Mensch, Oma!», sagte Chris und gab ihr einen Kuss. Er sah sie an. Müde sah sie aus.

«Und?», fragte er und machte eine Bewegung mit dem Kopf in Richtung Wohnzimmer.

Oma hob die Hände, ließ sie fallen: «Stell dir vor, er trinkt nicht mal seinen üblichen Schoppen Wein. Mehr brauche ich dir nicht zu sagen! Ihr beiden habt doch immer schon so einen ganz besonderen Draht zueinander gehabt. Wenn ihn einer wieder auf die Beine kriegt, dann du!»

Opa saß im grünen Plüsch seines alten Sessels, blickte kaum auf, als Chris eintrat und mit langen Schritten auf ihn zuging, um ihn zu umarmen. Aber der streckte abwehrend beide Hände aus, nuschelte nur: «Setz dich dorthin.»

Er meinte das Sofa. Das quietschte laut unter Chris und war oben derart gewölbt, dass man meinte, auf einer betonierten Teigrolle zu sitzen. Dann machte Opa ein Gesicht, als hätte er etwas Schreckliches mitzuteilen. Aber es war nur blinder Alarm. Opa schwieg.

Um etwas zu sagen, erzählte Chris von der Werkstatt. Alles laufe bestens, der Meister sei mit seiner Arbeit sehr zufrieden, aber andererseits gebe es jede Menge Stress, von morgens bis abends. Er wollte trösten. «Sei froh, dass du das alles hinter dir hast.»

Opa bekam tiefe Entrüstungsfalten auf der Stirn. «Jetzt kommst du mir auch noch mit dem Geschwätz! Umgekehrt wird ein Stiefel draus. So wie einem die Arbeit über den Kopf wächst, kann einem auch die Freizeit über den Kopf wachsen. Da liegt der Hund begraben! Weißt du, was ich bin? Ausrangiert, auf dem Abstellgleis, altes Eisen, reif für den Schneidbrenner!» Mit dem letzten Wort sauste seine Faust auf den kleinen Tisch neben dem Sessel. Chris zuckte zusammen. Die große Stehlampe schwankte, und der ausladende Schirm zitterte an allen Fransen. Aber die Lampe kippte nicht um, sie pendelte sich langsam wieder ein – wie Opa. «Tut mir Leid. Mir macht dieses Gerede von euch langsam Bauchkrämpfe, ich kann es einfach nicht mehr hören!»

So ausgerastet hatte er Opa noch nie erlebt. Einen Augenblick lang bereute er sogar seinen Besuch, starrte ins Leere und dachte: Warum motzt er ausgerechnet mich an? Was man auch sagt, es geht daneben. So habe ich mir den Abend nicht vorgestellt. Er kam sich hilflos vor.

Wieder ein langes Schweigen. Chris zupfte Flusen aus seinem Pullover und rollte sie zwischen den Fingerkuppen zu kleinen Würstchen.

«Sag mal», fing Opa leise an und räusperte sich, «kannst du dich noch an die Modellbahn erinnern, die wir zusammen gebaut haben?»

«Na klar!», sagte Chris schnell. Froh darüber, dass das Gespräch endlich wieder in Gang kam. «Ein knallroter Schienenbus mit drei Anhängern, genau der Typ, den du früher mal gefahren hast, hatte einen ziemlichen Zahn drauf, weil du den Elektromotor frisiert hast. Den könnten wir doch eigentlich mal wieder ein paar Runden drehen lassen! Hätte richtig Lust drauf!»

Opa winkte ab: «Schön wär's, geht aber nicht. Ein Teil ist nämlich kaputt, und Nachkaufen kannst du vergessen. Hab mich erkundigt. Ersatzteile krieg ich nicht mehr. Typisch, heutzutage drehen sie den Kunden nur noch Wegwerfware an.»

«Kriegst du doch!»

Opa sah ihn verblüfft an.

«Irgendwo im Ruhrpott läuft zurzeit eine Messe für Modelleisen-bahnen, weltweit die größte. Das hab ich gestern zufällig im Fern-sehen aufgeschnappt. Da kriegst du sicher alles, was du brauchst, alles für den roten Brummer: Ersatzteile, Zubehör, und außerdem kommst du mal raus. Mensch, Opa, das ist doch die Gelegen-heit!»

Opa ließ seine Finger knacken. «Sicher, reizen würde mich das schon.» Seine Miene zeigte Zweifel. «Du meinst wirklich, ich sollte ...»

Chris unterbrach: «Klar. Wo liegt das Problem? Ich geh ins Inter-net, finde raus, wo genau die Messe ist, besorge Karten für dich und Oma, und dann fahrt ihr los. Mir hast du immer gepredigt: Wer rastet, der rostet. Jetzt halte dich auch mal an deine eigenen Sprüche. Mach dich auf die Socken. Punkt.»

Das war ihm so herausgeplatzt. Unwillkürlich zuckte er zurück: Hoffentlich kriegt er das nicht in den falschen Hals.

Opa sah ihn an, genauso verblüfft wie vorhin, fasste sich an den Kopf. Chris ahnte schon Schlimmes. Aber dann sah er Opas Lä-cheln. Langsam kroch es von einem Mundwinkel zum andern. «Mensch, Junge, warum eigentlich nicht? Komm, das müssen wir sofort deiner Oma erzählen.»

25,00-360,76-4,85-36,49-152

21

Mit den ersten strahlenden, klaren Märztagen deutete alles darauf hin: Es wird Frühling. Ein paar Stunden Sonne, und die Welt ver-änderte sich. Zumindest äußerlich. Die Wintermäntel wurden aufgeknöpft, während der Mittagszeit ließen die Cafés ihre Türen geöffnet, im Stadtpark watschelten die Stockenten durch einen dichten Blütenteppich aus blauen und violetten Krokussen, und die Vögel zwitscherten aus Büschen und Bäumen.

«Sollen sie wegen mir, hört sich ja auch nicht übel an», meinte der Vater, «aber warum muss um Himmels willen das Geflöte schon morgens um fünf losgehen?»

Trotzdem: Sein Stimmungsbarometer stieg von Tag zu Tag, und auch die Mutter verbreitete neuerdings ziemlich gute Laune, denn der Garten, in dem die Forsythiensträucher hellgelb leuchteten, wartete endlich wieder auf sie: Unkrautjäten stand ganz oben auf ihrem Programm, außerdem mussten dringend die ersten Pflänzchen Kohlrabi und Salat ins Mistbeet gesetzt werden.

An einem Samstag überraschte Sandra mit einem ungewöhnlichen Angebot: «Ich komme mit und helfe dir!»

«Was?» Die Mutter traute ihren Ohren nicht. Misstrauen im Blick. «Das nehme ich dir nicht so ohne weiteres ab. Wo ist der Haken?»

Der Haken befand sich am Kragen einer Jacke, die Sandra beim Bummel durch die Stadt zum *Gnadenlosen Supersonderfrühlingspreis! So lange der Vorrat reicht!* entdeckt hatte. «Also, von daher weht der Wind. Wusste ich's doch! Wenn du mir auf diese Tour kommst, schalte ich auf stur. Sag lieber gleich, was Sache ist.» Entschieden schüttelte sie den Kopf. «Vergiss die Jacke, das ist mein letztes Wort!»

Sandra wusste, wie sie die Mutter umstimmen konnte. Wenn sie etwas erreichen wollte, dann litt sie. Auf ein lang gezogenes, gequältes Schniefen reagierte die Mutter meistens wehrlos. Das war erprobt. Schmollen und Trotzen war Sandras Spezialität. «Alle in meiner Klasse haben solche Jacken, absolut alle. Nur ich nicht! Du hast ja keine Ahnung, was das heißt. Abgestempelt wirst du, wie der letzte Bauer angeglotzt. Und hinter deinem Rücken wird gelästert, auch über mein Handy: Habt ihr schon Sandras Totschläger gesehen? Was die für eine Telefonzelle mit sich rumschleppt! – Die ziehen über mich her. Aber das kann dir ja egal sein, wenn für mich die Schule wie die Hölle ist.»

Ende der Vorstellung. Sandra schloss die Augen, dachte, hoffentlich hab ich nicht zu dick aufgetragen, und wartete auf das erlösende: «Also gut, meinetwegen!» Diesmal kam es schneller als erhofft.

«Aber so einfach sage ich nicht Ja und Amen, so leicht kommst du mir nicht davon. Nächsten Samstag musst du nochmal ran, Karotten und Radieschen säen. Ist das klar?»

Gewonnen! Sandra nickte, schnäuzte sich, versteckte ihr Lächeln im Taschentuch.

25,00-360,76-4,85-36,49-152

22

Dienstagabend.

Mit einem Knall brach Benni in der Spielothek das Dreieck der fünfzehn Billardkugeln auf, sodass sie auf dem hellblauen Filz in alle Richtungen auseinander flitzten. Pech! Keine von ihnen erreichte ihr Ziel.

«Du bist dran, Chris», sagte er enttäuscht, steckte sich eine Zigarette an und ließ langsam den Rauch aus der Nase quellen.

Chris griff nach der weißen Kugel, setzte sie wieder auf die Anstoßmarkierung und nahm mit den Augen Maß. Pock! Eine Kugel verschwand im Loch. Er zielte die nächste an, und wieder pock. Erst beim vierten Mal ging es daneben.

Chris hatte sich eine verrückte Idee zurechtgebastelt. Er war überzeugt: Wenn ich diese Partie haushoch gewinne, schreibt Christina morgen in der letzten schriftlichen Abiarbeit, ihrem absoluten Schwachpunkt Mathe, fünf Punkte und hat damit den Wisch so gut wie in der Hand. Aberglaube hin, Aberglaube her, vielleicht wirkt ja diese Art von Billard-Voodoo, wer weiß das schon so genau. Es gibt schließlich ein paar Dinge zwischen Himmel und Erde, auf die man sich keinen Reim machen kann.

Der Start war jedenfalls sehr vielversprechend, denn mit seiner Ablage der weißen Kugel konnte Benni unmöglich direkt anspielen.

Chris setzte sich auf den Barhocker und sah, wie Bennis gewölbter Bauch, trotz abgewinkeltem Oberkörper, gegen die Bande wabbelte. Mein Gott, wie kann man sich nur so einen Wanst anfressen! Dann wanderten seine Gedanken wieder zu Christina. Er hatte für sie ein goldenes Kettchen gekauft, mit einem Anhänger und der Gravur: C und C. Christina und Chris. Und abends, dachte er, wird auf meine Kosten beim Italiener gegessen: Scampi, Lasagne und Tiramisu. Hoffentlich ist es bald morgen.

«He, Chris, alter Penner!» Benni wurde ungeduldig. «Du bist dran. Döst vor dich hin, was schwirrt denn dir durch den Kopf?»

Nichts, was dich angeht, dachte Chris, stand langsam auf und ließ den Queue mehrmals über den mit Daumen und Zeigefinger gebildeten Winkel der linken Hand gleiten. Pock! Es flutschte nur so. Chris räumte ab. Eine Kugel nach der anderen verschwand im Loch. Pock. Dumpf grollend rollten sie durch den Bauch des Tisches in das Auffangbecken. Zwei Stöße später war klar: Er hatte gewonnen!

Nur mit Mühe konnte Chris einen lauten Jauchzer unterdrücken. Verlierer darf man nicht reizen. Vor Bennis Gesicht stieg schon wieder bläulicher Zigarettenrauch hoch, er zuckte mit den Schultern. «Zufall! Reiner Zufall!»

«Tja!», sagte Chris. «Denk, was du willst. Fest steht jedenfalls: Du bist k. o, und ich bin o. k.»

23

Am nächsten Tag sprudelte Christina aufgedreht und schon ziemlich beschwipst durchs Telefon. «Glück muss man haben!» Zwei von den vier Aufgabenstellungen hatte sie erst vor ein paar Tagen mit Lars, dem Mathe-Ass des Kurses, durchgerechnet. «Was für ein Zufall! Was für ein Glück!»

Jetzt würden sie alle zusammen weiter einen zwitschern, sagte sie. «Und das kann dauern, ich weiß nicht wie lang, kann sein, dass wir uns erst morgen sehen! Aber …»

Den Rest des Satzes schluckte dröhnender Lärm im Hintergrund, Lachen, Musik. Chris war zumute, als ob von einem Moment zum anderen etwas in ihm zusammenschrumpfte: Also so lief das, plötzlich war er abgeschrieben, weg vom Fenster, hatte den ganzen Tag dem gottverdammten Anruf entgegengefiebert, Däumchen gehalten, mitgezittert, mitgebibbert. Und jetzt diese Abfuhr!

Chris wagte noch einen Versuch. «Soll das wirklich heißen, dass du heute nur mit diesen Typen rumhängst, keine Stunde Zeit für mich hast?»

Diesmal war ihre Stimme so laut, dass er sie deutlich verstehen konnte. «Was heißt hier Typen? Das sind meine Freunde. Wir haben gemeinsam gelernt und uns durchgewurschtelt, und jetzt wird gemeinsam gefeiert. Sag bloß, du bist deswegen sauer?»

In diesem Augenblick konnte er nur noch eines tun: Ausschalten und das Handy in die Jackentasche stecken, «Scheiß-Voodoo, Scheiß-Freunde!», brüllen, «eingebildete Arschlöcher, aufgeblasene Deppen!», und dem Papierkorb einen so kräftigen Tritt geben, dass der quer durch den Raum schoss. «So nicht. Nicht mit mir.»

Keine zwanzig Stunden später war die Welt wieder in Ordnung, als sei überhaupt nichts passiert. Christina war da, schmiegte sich an ihn, küsste seinen Hals und machte ihm eine Gänsehaut. Er verstand nicht mehr, worüber er gestern in solche Wut geraten war. Das ist Liebe, dachte Chris. Was soll es denn sonst sein, was so flattrig macht und einen alles vergessen lässt.

25,00-360,76-4,85-36,49-152

24

Freitagmorgen.
Chris las in der Zeitung, Lokales, Seite 18:

Abiturienten tobten sich aus

Feuchtfröhliche Abiturientenfeiern sind Tradition. Das ist bekannt und wird den jungen Leuten auch gegönnt. Aber es kann kein Verständnis für die Ausschreitungen geben, die an mehreren Stellen der Stadt am Mittwoch durch randalierende Schüler stattfanden. Mehrfach musste die Polizei einschreiten. So zum Beispiel auf dem Spielplatz in der Nähe des Käthe Kollwitz Gymnasiums, wo stark angetrunkene Abiturienten Unmengen von Bierflaschen zerschlugen. Als die Beamten eintrafen, war der Spielplatz bereits von Scherben übersät …

Sauber, dachte Chris. Die zukünftigen Damen und Herren Akademiker führen sich auf wie die letzten Säue.
Und Christina? Christina ist anders, ganz anders.

25,00-360,76-4,85-36,49-152

25

Drei Wochen später, Mitte April.
Chris jubelte: «Geschafft. Ich hab den Führerschein!»
Beim Einsteigen ins Auto hatte er gespürt, wie das Herz im Hals

oben pochte. Aber dann, nach wenigen Minuten, kein bisschen Unsicherheit mehr, nicht die Spur Nervosität. Nicht einen einzigen kritischen Prüfungsmoment hatte es gegeben, alles klappte zentimetergenau: vorwärts einparken, rückwärts einparken, Maßarbeit! Trotz der heftigen Windböen, die durch die Stadt fegten, und eines urplötzlich niederprasselnden Wolkenbruchs bei der Einfahrt in die Autobahn war ihm kein Patzer passiert. Er behielt die Nerven, guckte nach vorne, nach links, wieder nach vorne, Schulterblick. Alles nach Vorschrift, astrein, perfekt.

Nicht nur der amtliche Prüfer war beeindruckt, auch Herr Schnautz. Das sah Chris, obwohl er sich ein Lob verkniff. Er sagte nur am Ende der Fahrt: «Okay. Du hast bestanden!» Und nach einer kurzen Pause: «Aber schau, bevor du gehst, nochmal kurz bei mir im Büro herein!»

Hinter seinem Schreibtisch kam Herr Schnautz gleich auf den Punkt und fasste in knappen Worten zusammen: «Die Gesamtkosten belaufen sich genau auf 1935 Euro inklusive aller Gebühren. 800 sind als Anzahlung eingegangen plus viermal 200 in den Monaten Januar bis einschließlich April, macht nach Adam Riese 1600, bleibt also ein offen stehender Betrag von 335 Euro.»

Wie zur Bekräftigung schlug Herr Schnautz die Faust in die Handfläche, beugte sich weit auf dem Stuhl vor und sah ihn forschend an. «Kannst du mir verraten, wann die Restmöpse zu mir rüberwachsen?»

Chris verzog keine Miene. «Morgen, spätestens übermorgen überweise ich das Geld!»

Typisch Schnautz, dachte er, was für ein Aufstand. Wegen schlappen 335 Euro. Was soll's! Hauptsache, ich habe endlich den Lappen, alles andere ist jetzt erst mal egal, völlig wurscht. Das Telefon klingelte. Herr Schnautz griff nach dem Hörer. «Kleinen Moment, bitte!», nuschelte er, deckte mit der freien Hand die

Sprechmuschel ab und sah Chris an. «Ich verlass mich drauf! Also dann.»

Es regnete nicht mehr, aber die Nässe hing noch dunstig in der Luft. Chris hatte Lust, durch den Park nach Hause zu schlendern, unter seinen Füßen schmatzte der aufgeweichte Boden, übersät mit Blütenblättern der Magnolienbäume. Wie ein Teppich, dachte er. Ein roter, extra ausgerollt für mich.

Was Chris zu Hause erwartete, übertraf alle seine Vorstellungen. Er hatte mit einem besonders leckeren Essen gerechnet, einer Runde Sekt: «Auf dich, Chris, auf den Führerschein!» Glückwünsche, das Übliche. Tatsächlich aber gab es eine Riesenüberraschung, eine, die sprachlos vor Glück macht, den Blutdruck hochtreibt, den Atem stocken lässt. Die Riesenüberraschung hatte 50 PS, 108 000 km auf dem Tacho, war silbergrau und neun Jahre alt.

«Na, wie fühlt man sich denn so als Autobesitzer?», fragte der Vater mit feierlichem Gesicht.

Statt einer Antwort drückte ihm Chris einen Kuss auf die Bartstoppeln, nahm ihn fest in die Arme, dann die Mutter und wieder den Vater. Der schob ihn schließlich mit sanftem Druck von sich weg, lachte verlegen und klopfte sich umständlich eine Zigarette aus der Schachtel. «Jetzt ist aber Schluss mit der Knutscherei, Junge, mach's halblang. Bedank dich lieber bei Oma und Opa, die haben nämlich die Hälfte zugeschustert und zahlen auch die ersten sechs Monate die Versicherung.»

Und dann zwischen zwei gierigen Zügen, die sein Gesicht in eine Rauchwolke einhüllten: «Dass Gebrauchtwagen ihre Macken haben, brauche ich dir nicht zu verklickern. Bei dem hier ist die Kupplungsscheibe so gut wie abgefahren, außerdem sind die Stoßdämpfer durchgeschlagen. Die Reparatur ist dein Bier, aber du sitzt ja schließlich an der Quelle und kommst auch an die Ersatzteile billiger ran. Im Grunde also kein Problem!»

«Stimmt», nickte Chris. «Das kriege ich schon hin. Bei mir läuft's nach dem Motto: Selbst ist der Mann!»

Dass man in der Werkstatt für den Eigenbedarf Kleinigkeiten mitgehen ließ, wie Ölfilter, Schrauben, Werkzeug, manchmal auch verkratzte Alufelgen, kaum benutzte Reifen, war an der Tagesordnung. Aber was sich leider nicht mit links auf die Seite schaffen lässt, überlegte Chris, ist eine topp Musikanlage. Und genau die fehlt, ein absolutes Muss. Und dann abschwirren. Vollstart, kuppeln, Gas geben, loslegen. Die Bässe bis zum Anschlag dröhnen lassen, die Stadt abschütteln und mit ihr alles andere, was den Horizont begrenzt.

25,00-360,76-4,85-36,49-152

26

Besonders vor hohen kirchlichen Konsumentenfesten, wie jetzt vor Ostern, hagelten von allen Seiten gute Ratschläge auf Chris ein:

Wer jetzt nicht zugreift, ist selbst schuld!
Wer jetzt nicht kauft, verliert viel Geld!
Jeder kann sich alles leisten!

Alle ach so fürsorglichen Werbegeister in enger Zusammenarbeit mit Heerscharen hoppelnder Osterhasen schienen aus dem Winterschlaf erwacht zu sein und lockten mit SUPEROSTER-KNÜLLERPREISEN. Auch der Geldautomat schien es gut mit Chris zu meinen und spuckte die Scheine aus, obwohl sein Girokonto bereits mit mehr als 500 Euro belastet und damit das Dispo-Limit überschritten war.

Karte und Geheimzahl. Das genügt.
Mit Köpfchen voran!

Und Köpfchen braucht man, sagte sich Chris, um zwischen all den Angeboten das MEGAOSTERHASENSUPERSCHNÄPP-CHEN an Land zu ziehen, wie einen fetten Fisch. Und der ging ihm ins Netz. Beim großen Räumungsverkauf:

Jetzt geben wir Ihnen den Rest.
Nur noch drei Tage bis zum Fest.
Dann ist Schluss.
Schlagen Sie zu –
es ist Ihre letzte Chance.

Chris nutzte diese Chance, schlug zu und kaufte, wie er fand, für müde 299 Euro ein Komplett-Set, Radio, Cassette, CD-Wechsler – mit allem Drum und Dran.

Klotzen ist hier angesagt, nicht Kleckern. Das war die Devise. Klar war ja ohnehin: Das Gerät und die neue Antenne würde er nach Feierabend selbst einbauen, also, wie er meinte, Zaster sparen ohne Ende.

Beschwingt, beflügelt und schwer bepackt ging Chris durch die Einkaufszone. Hörte zerhackte Klänge, metallisches Klimpern und entdeckte im gleichen Moment einen jungen Typen am Keyboard. Der hockte dumpf und trostlos auf dem Boden und fingerte Schräges auf den Tasten. Mensch, dachte Chris, der sieht ja ziemlich abgerissen aus, zögerte einen Moment und warf dann gezielt zwei Euro in den Hut.

25,00-360,76-4,85-36,49-152
27

Anfang Mai.
Chris wachte schwitzend auf, saß mit einem Ruck aufrecht im Bett und atmete tief durch: Es war nur ein Traum, wie Kino im

Kopf. Was für ein grauenvoller Katastrophenstreifen! Er hatte mit Christina im Flugzeug gesessen, gedämpftes Licht, lächelnde Stewardessen, leise Musik. Das monoton brummende Geräusch der Triebwerke ließ beide einschlafen. Eng aneinander gerückt träumten sie Händchen haltend dem Urlaub entgegen. Plötzlich ein Holpern, ein Gefühl wie im Auto, das über Buckelpisten rattert. Aber das Holpern nahm zu, die Triebwerke dröhnten, ein Unwetter, vielleicht ein Orkan, ein Taifun. Und im nächsten Moment ein Riesenknall, krachend laut, wie die Explosion einer Bombe. Die Maschine schoss schräg nach unten. Sein Magen drehte sich um. Alle schrien. Überall flogen Sachen herum, Taschen, Kartons, kleine Koffer. Dann dieser pfeifende, durchdringende Ton. Sekunden später fegten eiskalte Windstöße durch die Kabine. Er japste nach Luft, griff sich panisch an den Hals, röchelte. Kein Sauerstoff mehr da. Das ist das Ende, hatte er noch gedacht.

Chris stand auf, es war kalt im Zimmer, er machte Licht. Der Wecker würde ohnehin in einer knappen Stunde surren, an Schlaf war jetzt nicht mehr zu denken. Sein Nacken schmerzte, auch der Kopf. Und schuld an allem, dachte er, ist mit Sicherheit nur dieses miese gottverdammte Wetter. Was sonst? Kein Wunder, dass man Albträume kriegt. Jedem geht es auf den Nerv. Dieser Dauerregen, diese schwüle Luft, diese ewig grauen Wolken. Und das im Mai.

Draußen lärmte inzwischen der Verkehr, der Tag hatte begonnen. Er zog die Gardinen zurück und sah hinaus. In der schmalen Straßenschlucht glänzten die Pfützen.

Stunden später, als er in der Werkstatt unter der Hebebühne stand, merkte er erst, wie müde er war. Ausgerechnet heute lag viel Arbeit an. Ausgerechnet heute schielte ihm der Bender, einer der Meister im Betrieb, ständig über die Schulter. Er fühlte seinen lauernden Blick, der nur so auf seine Fehler erpicht war. Und unter dem Zwang, alles richtig machen zu wollen, verkrampfte er sich völlig. Bender hatte sich das Rauchen abgewöhnt, war auf Kaugummi umgestiegen und seitdem reizbar wie ein Stier. Wenn er nicht ab und zu mal toben konnte, fehlte ihm was.

«Mann, Chris, ich krieg zu viel, wenn ich sehe, in welchem Schneckentempo du malochst. Du schläfst ja im Stehen ein!» Chris brummelte laut in sich hinein.

«Was hast du gesagt?»

«Nichts», murmelte Chris. «Nichts für Ihre Ohren!»

An Benders Hals erschien ein roter Streifen. «Noch frech werden, wie? Zisch lieber ab und lass mich mal hier ran. Draußen im Hof blockiert so ein abgewrackter Kleinbus die Einfahrt, rangier die Karre ein, und dann wird hier weiter rangeklotzt, aber diesmal mit Power!»

Der Hof war sehr eng, zugeparkt von Autos, dicht gedrängt, Stoßstange an Stoßstange. Chris setzte sich in den Bus, fuhr an, rutschte mit seinen nassen Schuhsohlen vom Gaspedal ab, schrappte an einem nagelneuen BMW entlang und hinterließ eine Kratzspur auf der ganzen Seite.

Sofort war Bender da, schnaubte schwer, pumpte Wut für den Anschiss. «Das darf doch nicht wahr sein! Ja, wo gibt's denn so was! Wenn Doofheit brummen würde, könntest du dich glatt als Nebelhorn bei der Bundesmarine bewerben!»

Chris stand der käsebleiche Schrecken im Gesicht. Schließlich brachte er stotternd heraus: «Ich ... ich, es tut mir Leid.»

«Leid?», brüllte Bender. «Was heißt hier Leid. Als wäre es damit getan. Die Sache hat noch ein Nachspiel, darauf kannst du Gift nehmen.»

Zwei andere Meister kamen vorbei.

«Ganze Arbeit!», sagte der eine und pfiff durch die Zähne. «Das muss man dir lassen.» Klopfte dabei aber Chris beruhigend auf die Schulter. «Lass dir deshalb keine grauen Haare wachsen, das kann jedem mal passieren: Die Sache ist nur die, wenn du öfter solchen Bockmist baust, wirst du zur Kasse gebeten, beziehungsweise deine Haftpflicht. Du bist doch versichert, oder?»

Chris schüttelte den Kopf. «Noch nicht.»

«Dann wird's aber Zeit!»

Er knuffte Chris in die Seite und senkte die Stimme: «So. Und nun wollen wir erst mal was mampfen. Es soll ja heute was ganz Besonderes geben: Gepökelter Bender in Wildschweinsoße, nach Art des Hauses.»

«Nee, danke!», sagte Chris. «Mir ist der Appetit gründlich vergangen.»

25,00-360,76-4,85-36,49-152

28

Mitte Mai.

«Also, Herr Riemann», sagte Herr Vörkel, «dass Sie die Präsidentia Versicherungs AG, und damit meine Wenigkeit, wegen dem Abschluss einer Privathaftpflichtversicherung kontaktiert haben, ist eine überaus vernünftige Entscheidung.»

Hoffentlich sülzt er diesmal nicht so elend lange, hoffte Chris. Schließlich weiß ich genau, was ich will.

«Sehen Sie, Herr Riemann, das Problem liegt ja nicht darin, dass Sie bei Müllers nebenan eine Kristallvase zerschmettern. Selbst Ihr Rangierschaden ist im Prinzip nur ein Klacks. Ich spreche von Schäden, von wirklichen Schäden. Und nur der, der ausreichend versichert ist, kann sich nachts beruhigt in die Kissen wühlen. Überlegen Sie mal. Ganz alltäglicher Fall. Sie schwingen sich aufs Fahrrad, träumen vor sich hin, denken an die Freundin, und dann passiert's: Sie nehmen einem Tankwagen die Vorfahrt, der schlingert, kippt um. Der Rest ist klar. Und wo hat's geknallt? Im Wasserschutzgebiet, wie es der Zufall so will. Die Folge: Verseuchter

Boden. Bis zu acht Meter Erde werden ausgebuddelt, und dann der Transport, die Entsorgung, Verbrennung. Das heißt, eine Kostenlawine von Millionen rollt auf Sie zu, und die macht Sie alle. Wer dann nicht hoch versichert ist, gibt den Löffel ab und beißt ins Gras!»

«Meinen Sie nicht», sagte Chris und grinste breit übers ganze Gesicht, «dass Sie mit so einer Horrorstory total übertreiben? Wem soll denn so was passieren? Mir jedenfalls nicht.»

«Den Wunsch schicken Sie mal zum Nordpol, in den Iglu vom Weihnachtsmann.» Herr Vörkel lachte auf, es klang bitter. «Ich hab schon Geschichten erleben müssen …» Er gab ein paar mitfühlende Laute von sich. «Das Leben kann grausam sein!»

Insgeheim gab ihm Chris sogar Recht, man denkt immer nur an Pipifaxfälle, Kleinkram und nicht an das, was wirklich brockt.

Herr Vörkel legte eine Pause ein, zog an seinem Krawattenknoten herum und sah Chris nachdenklich an. Schließlich sagte er betont langsam: «Herr Riemann, eins wollen wir mal von vornherein klarstellen, die Präzidentia Versicherungs AG hat es nicht nötig, irgendjemand irgendetwas aufzudrängen. Unser Ziel ist die verantwortungsvolle Beratung. Ob Sie abschließen und welche Beitragshöhe Sie persönlich für angemessen halten, um sämtlichen Risiken des Lebens die Stirn bieten zu können, Herr Riemann, das liegt ganz allein in Ihrer Entscheidung.»

Chris schaute unter sich, hoffte, dass er nicht auch noch rot werden würde, so schuldbewusst fühlte er sich plötzlich. Er spürte den Blick von Herrn Vörkel. Und als er hochsah, lachte er verlegen.

Herrn Vörkels Stimme klang noch immer tief betroffen, als er sagte: «Gestern Abend habe ich noch zu meiner Frau gesagt, der junge Riemann verdient, dass man sich Gedanken macht. Noch mehr als sonst. Und ich wollte Ihnen einen äußerst günstigen Kombinationsvertrag anbieten: Privathaftpflicht und Rechtsschutz, denn diese beiden Versicherungen passen zusammen wie der Deckel auf den Topf, zum Spezialtarif von 17,30 Euro.»

«Rechtsschutz?», fragte Chris interessiert. «Was bedeutet denn das?»

«Sicherheit!», sagte Herr Vörkel und wiederholte: «Sicherheit! Zum Beispiel im folgenden Fall: Es kracht im Straßenverkehr, Sie fahren dem Vordermann in den Kofferraum. In diesem Auto sitzen fünf Personen. Sie wissen, was ein Schleudertrauma ist?» Und Herr Vörkel erklärte, ohne eine Antwort abzuwarten: «Das ist das, was die Leute haben, wenn sie nichts haben. Liegen wochenlang im Krankenhaus und lachen sich ins Fäustchen. Sie denken: Na und? Sollen sie doch, ich bin fein raus, dafür steht meine Haftpflicht gerade. Aber, und jetzt wird's brenzlig, Sie werden vor den Kadi gezogen, und wer legt die Scheinchen für den Rechtsstreit hin? Und der kostet! Fünf Personen verklagen Sie auf jeweils 5000 Euro Schmerzensgeld, fünf Anwälte auf der Gegenseite, vielleicht durch zwei Instanzen, Gerichtskosten, Zeugengelder und so weiter. Und wenn Sie nur zur Hälfte den Prozess verlieren, zahlen Sie, neben Ihrem eigenen Anwalt, jedem einzelnen Anwalt der Gegenseite die Hälfte seines Honorars. Mehr brauche ich dazu nicht zu sagen!»

Chris war beeindruckt. Das ist ja furchtbar, dachte er. Dann fiel ihm ein: «Man kann die Sache aber auch umdrehen; wenn mir jemand krumm kommt, geh ich vors Gericht und klage, und zwar ohne Schiss vor Kosten.»

Über Herrn Vörkels Gesicht flog ein zufriedenes Lächeln. «Sie haben Grips im Kopf, Herr Riemann, genau den Nagel auf den Kopf getroffen. In so einem Fall boomt's bei Ihnen im Portemonnaie.»

Chris strahlte. «Na, dann wollen wir mal!»

Jeden Dienstag Berufsschule.

Die Berufsschule war ein Betonklotz mit Fenstern. Lange Gänge und viele Türen. Und hinter den Türen meist lustlose Anwesenheitspflicht. Im Gymnasium war es nicht anders, auch dort tönte der Gong im 45-Minuten-Takt, und den sehnten nicht nur die Schüler herbei.

Chris beugte den Kopf über eine Mathearbeit. Was Christina jetzt gerade wohl so treibt? Formeln muss sie jedenfalls nicht mehr aufs Blatt kritzeln, nie mehr eine Klausur überstehen. Klausur, was für ein hochgestochenes Wort, typisch Gymnasium. Als ob die was Besseres wären, die kochen auch nur mit Wasser. Was hatte er neulich gelesen: Manuelle Tätigkeiten spielen im Kfz-Bereich kaum noch eine Rolle, der Mechaniker von heute ist mehr ein Diagnostiker.

So ist es, dachte Chris, nur, wer schnallt das schon? Für die meisten Gymnasiasten sind wir doch nur Typen zweiter Klasse: Malocher, viel Muskeln, wenig Hirn. Auch Christina macht einen Riesenpopanz um ihr Abi, langsam hebt sie ab. Und meine Gesellenprüfung, ein Furz im Wind gegen Goethe und Schiller? Wenn das mit uns beiden so weiterläuft, geht's in die Brüche. Und diese Telefongespräche. Egal, wer anfängt, der Text ist immer der gleiche:

Hast du was? Irgendwas hast du doch!

Ich, wieso? Was soll ich denn haben?

Ich merk doch, dass du was hast! Sag doch endlich, was los ist!

Nichts. Soll ich's nochmal wiederholen. Nichts! Du hast doch eher was! – Und so weiter und so weiter.

Vom Himmel konnte man das gedämpfte Dröhnen eines Düsenflugzeugs hören.

Jetzt mit Christina da oben sitzen, dachte er weiter. Raus aus dem ganzen Mist hier. Verreisen. Dahin, wo der Sommer nie zu Ende geht. Nach Sri Lanka oder Bali. Chris malte sich aus: Wir auf einer Insel: rundherum warmes Meer, das türkisblaue Wellen auf den Strand spült. Und Christina hat nichts an als einen Bikini aus weißer Haut. Faulenzen und in der Hängematte schmusen.

Erst gestern hatte er auf ein Plakat im Schaufenster eines Reisebüros gestarrt: Sonne, Palmen, Orchideen – Tropenparadiese. Fett gedruckt darunter:

Nicht träumen, buchen! Wir legen Ihnen die Welt zu Füßen. Sie haben es sich verdient. Lust ist käuflich.

Irgendwo am Horizont vergrollte inzwischen das Geräusch des Flugzeugs. Es gongte. Christina, schrieb Chris mit dem Filzstift auf den Tisch.

«Was machen Sie denn da?» Chris zuckte zusammen. Er hatte gar nicht bemerkt, dass der Mathelehrer hinter ihm stand.

25,00-360,76-4,85-36,49-152

30

Ende Mai standen die Kastanien in voller Blüte, und die Weißdornhecken schimmerten wie Schnee. Chris klopfte, zufrieden mit sich und seiner Arbeit, auf die hochglanzpolierte Karosserie seines Autos. Endlich war es fahrbereit, top in Schuss: neue Kupplung, neue Stoßdämpfer – alle Teile zum Einkaufspreis für rund 400 Euro. Nach Absprache mit dem Chef sollte er innerhalb der nächsten Tage den Betrag überweisen. Als Chris die Zündung einschaltete, dröhnte aus den Boxen Rockmusik. Er drehte voll auf. Auch der Sound der Anlage stimmt, stellte er fest. Alles bestens. Wohlig räkelte er sich auf dem Sitz zurecht, Vorfreude im

Gesicht: Raus aufs Land, rein in die Kurven, austesten, was die Karre bringt.

Wenn jetzt Christina neben ihm sitzen würde! Aber Christina hatte mal wieder keine Zeit, musste büffeln, fürs mündliche Abi. Sagte sie jedenfalls.

Der Tank war so gut wie leer. Chris fuhr zur Bank, schob die Karte in den Geldautomaten und tippte seine Geheimnummer ein. Aber der Automat spuckte nicht die erwarteten Scheinchen aus. Stattdessen erschienen auf dem grün flimmernden Display drei Worte: *Umsatz nicht gebucht.*

Habe ich mich vertippt, fragte er sich. Oder spielt der Automat mal wieder verrückt?

Er wiederholte den Vorgang. Wieder die gleiche Auskunft. Warum rückte das Mistding nichts raus? Hatte er sein Konto schon so hoch überzogen, dass die Bank ihm den Geldhahn zudrehte? War der Dispokredit etwa schon ausgereizt? Na und, dachte er. Selbst wenn das so ist, Scheißbank, die wissen doch genau, dass in spätestens zwei Tagen mein Mailohn aufs Konto rollt. Vollidioten.

Chris schaute sich nach allen Seiten um. Niemand zu sehen. Er verpasste dem Automaten einen kräftigen Fußtritt. «Denen werde ich zeigen, wo der Hammer hängt. Denen werde ich was geigen: Gleich morgen. So läuft es jedenfalls nicht!»

«So läuft es jedenfalls nicht, Herr Riemann!», sagte Herr Kunz in der Bank und klopfte energisch mit den Fingerknöcheln auf die Schreibtischplatte. «So nicht!»

Seine Stimme duldete jetzt keinen Widerspruch mehr. «Ihr Konto weist zurzeit ein Minus von 850 Euro auf. Damit haben Sie den Ihnen gewährten Dispositionsrahmen bereits um 350 Euro überzogen. Nochmal im Klartext: Wenn Sie nicht in der Lage sind, den Fehlbetrag innerhalb kürzester Zeit auszugleichen, sehen wir uns leider außerstande, auch das nächste Mal die fällige Versandhausrate zu überweisen oder Ihnen sonst in irgendeiner Weise finanziell entgegenzukommen.»

Völlig bewegungslos saß Chris da, spürte, dass seine Hände feucht wurden, sich Schweißtropfen auf der Stirn bildeten, sich Wut staute.

Jetzt bloß nicht ausrasten, hämmerte er sich ein, das bringt gar nichts, der sitzt am längeren Hebel. Er atmete schnell: Diese Aasgeier! Riechen fünf Meter gegen den Wind, wenn man den Hintern nicht mehr hoch kriegt. Und schlagen dann gnadenlos zu. Von wegen: Wir sind der Partner auf Ihrer Seite. Wir machen den Weg frei! Alles leere Versprechungen! Knüppel schmeißen die einem zwischen die Beine.

Eine Frage quälte ihn ganz besonders: Was passiert, wenn ich dem Chef die Rechnung nicht bezahlen kann? Der macht mir die Hölle heiß, zieht einen Riesenstunk ab. Und den kann ich mir nicht leisten, so kurz vor der Prüfung!

Chris gab einen Ton von sich. Es hörte sich an wie ein gegrunzter Schluckauf. Seine Armmuskeln spannten sich. «Sie müssen mir aber aus der Patsche helfen, wie soll ich denn ...»

Herr Kunz ließ ihn nicht ausreden. «Ich muss überhaupt nichts. Sie müssen. Nämlich Vernunft annehmen. Kürzer treten. Wer Geld aufnimmt, nimmt auch die Verpflichtung auf, seine Schulden zu begleichen. Die Bank ist doch kein Wohlfahrtsinstitut!»

Chris sah ihn an, und ihm wurde klar, Herr Kunz würde knochenhart bleiben. Jetzt lächelt der auch noch, breit und feist, fand Chris, so richtig von oben runter. Verarschen kann ich mich selbst!

Er stand so plötzlich auf, dass der Schreibtisch einen Stoß erhielt.

«Macht Ihnen wohl Spaß, mich mit dem Rücken an der Wand zu sehen, mich zu behandeln wie den letzten Penner!»

Über diesen Ausbruch konnte Herr Kunz nur den Kopf schütteln, vollkommen unbeeindruckt und sehr kühl sagte er: «Bleiben wir doch sachlich, Herr Riemann, und verwenden Sie Ihre überschüssige Kraft lieber auf die Überlegung, wie Sie Ihr Konto aus den roten Zahlen bringen!»

Mit weichen Knien verließ Chris die Bank, stieg in sein Auto, kurbelte das Fenster herunter und startete den Motor. Jetzt abschwirren, war sein Gedanke. Weg von hier. Auf der Straße war wenig Verkehr, er drückte aufs Gaspedal. Es begann zu regnen, Tropfen platschten auf seine Knie. Er ließ das Fenster offen und legte eine neue CD ein. Das Auto füllte sich mit Wind und Musik, und der Pfeil am Armaturenbrett schob sich zitternd nach rechts. Chris hielt den linken Arm aus dem Fenster, sodass der Fahrtwind ihn anhob wie einen Flügel.

Plötzlich, ganz unvermittelt, klickte etwas in seinem Kopf. Er begriff, dass er bei diesem Tempo nicht nur sein Leben riskierte, und drosselte die Geschwindigkeit. Langsam wurde er ruhiger, bog in einen Parkplatz ein, stieg aus und dachte nach. Eigentlich ist das alles der helle Wahn. Dumm und dämlich verdienen sich die Banken, brummen Zinsen auf, dass die Schwarte nur so kracht, kassieren ab ohne Ende und ziehen mit dem sauer verdienten Geld der kleinen Schlucker einen Palast nach dem anderen hoch. Wieso dürfen die das? Warum zeigt denen niemand die rote Karte? Pennen die Politiker, oder ist das denen alles scheißegal? Da läuft doch irgendwas schief! Aber mich kriegen die nicht klein. Mich nicht.

Er stieg wieder ins Auto und fuhr an. Erst nach einigen Kilometern fiel ihm auf: Er war genau in die falsche Richtung gefahren.

25,00-360,76-4,85-36,49-152
32

1. Juni. Hochbetrieb in der Bank. Vor den Schaltern standen die Kunden Schlange. Chris hatte sich überlegt: Wenn mein Lohn auf dem Konto ist, bin ich wieder knapp im Dispo-Rahmen. Und die 400-Euro-Überweisung an den Chef läuft glatt durch.

Chris kam an die Reihe. Er sah dem Bankangestellten fest in die Augen. Der nahm wortlos das ausgefüllte Formular entgegen, warf ihm einen raschen, aber desinteressierten Blick zu.

Chris konnte sich gerade noch einen tiefen Erleichterungsseufzer verkneifen. Aber draußen, vor der blitzblanken Glastür, hätte er am liebsten laut herausposaunt: Es hat geklappt! Ich hab die Säcke ausgetrickst! Und bis die mir auf die Schliche kommen, hat der Chef längst sein Geld im Sack. Das allein zählt im Augenblick, sonst nichts.

Am Abend haute sich Chris vor die Glotze und zog sich zwei Krimis rein. Viel lieber hätte er in der Kneipe ein Bierchen gestemmt, geklönt oder eine Runde Billard gespielt, aber dann hätte er schnorren müssen, abgebrannt wie er war.

25,00-360,76-4,85-36,49-152
33

2. Juni. Frühstückspause im Betrieb.

Chris hatte keinen Hunger, trödelte über den Werkhof und verzog sich in eine stille Ecke hinter der großen Montagehalle. Seine Stimmung war miserabel, alle gingen ihm auf den Nerv. Er wollte allein sein, wenigstens eine viertel Stunde seine Ruhe haben.

Plötzlich hörte er seinen Namen. Schritte kamen näher, klackten auf dem Betonboden.

Auch das noch, stöhnte er. Nicht mal für 'n paar Minuten kann man sich ausklinken.

Ingo tauchte auf, kam langsam mit vorgerecktem Kopf auf ihn zu, als traue er seinen Augen nicht. «Hier treibst du dich also rum, machst einen auf Einsiedler, guckst schon den ganzen Morgen so belämmert aus der Wäsche. Was ist denn mit dir los?»

«Scheiße ist los!», knurrte Chris und sah ihn wie abwesend an.

«Ist dir die Freundin durch die Lappen gegangen?»

«Quatsch. Lass mich in Ruhe, zieh Leine!»

Aber Ingo ließ sich nicht abschrecken. «Mann, bist du schlecht drauf. Was hat dir denn die Suppe verhagelt? So schlimm kann's doch nicht sein.»

Chris winkte ab. «Schlimmer. Ich bin pleite!»

Ingo wunderte sich laut: «Was? Schon so kurz nach dem Ersten?»

Chris biss sich auf die Lippen. Zu blöd, dass ihm das herausgerutscht war. Es war besser, wenn niemand von seinem Geldschlamassel wusste. So was machte schnell die Runde. Er überlegte blitzschnell und erklärte dann ohne geringstes Zögern, er habe einem Kumpel Geld gepumpt, einen ziemlichen Batzen, und der ließe ihn mit der Rückzahlung eiskalt in der Luft hängen. Und seine Bank würde ihm was pfeifen, jedenfalls im Moment nicht einen Euro rüberschieben.

Chris wunderte sich, wie schnell ihm diese Lügenstory eingefallen war. Bei Ingo kam sie jedenfalls an, der war sofort auf seiner Linie.

«Dem Kumpel würde ich die Eier polieren!» Chris zuckte mit den Schultern. «Meinst du, dann spuckt er Geld? Supervorschlag. Hast du noch so einen Renner auf Lager?»

Ingo nickte. «Mal im Ernst. Warum gehst du nicht einfach an einen Automaten bei einer anderen Bank. Bis die die Daten kriegen, hast du dein Geld schon abgehoben. Ist ausgetestet, kannst es mir glauben, es funktioniert.»

Noch am selben Tag, während der Mittagspause, probierte Chris es aus. Es funktionierte, genau so, wie Ingo gesagt hatte.

34

Samstagnachmittag. Eiscafé SAN MARCO. Chris löffelte bereits vom zweiten Cappuccino den Schaum. Schon fünf vor halb vier. Und von Christina noch immer nicht die Spur zu sehen.

Er beschloss: In zehn Minuten dampfe ich ab. Sie hatte ohnehin angedeutet, es sei nicht ganz sicher, ob sie überhaupt kommen könne. Was war überhaupt noch sicher? So gut wie nichts mehr. Seit dem schriftlichen Abi verhielt sie sich rätselhaft. Jedes Mal, wenn sie sich verabredet hatten, musste sie kurzfristig irgendwas absolut Wichtiges erledigen, zum Zahnarzt gehen oder eine Tante besuchen. Nach der dritten geplatzten Verabredung hatte er sie angefahren, wollte endlich wissen, was Sache ist.

«Willst du, dass wir Schluss machen?» Christina hatte geblockt und geschwiegen. «Was geht eigentlich ab?»

«Was soll abgehen? Arbeit, lernen muss ich, du hast ja keine Ahnung von dem Stress.»

Nichts als Ausreden!, dachte Chris. Die stinken schon zum Himmel. Eins ist jedenfalls klar, irgendwas läuft quer!

Chris sah auf die Uhr: Viertel vor vier. Vergiss sie! Vergiss Christina, dachte er und bestellte den dritten Kaffee.

35

Auf seinem Kontoauszug stand es schwarz auf weiß: Dauerauftrag nicht ausgeführt. Obwohl Chris damit gerechnet hatte, war er doch überrascht. Hatte insgeheim gehofft, Herr Kunz hätte nur eine Show abgezogen, um ihm eine Lektion zu verpassen. Nach der üblichen Eltern-Lehrer-Masche: Erst drohen, heiße Luft ablassen und dann gnädig einlenken.

Fehlanzeige! Und was jetzt? Was wird das Versandhaus anleiern, wenn die Rate für den DVD-Recorder nicht anrauscht? Für den Augenblick beruhigte er sich mit dem Gedanken: Erst mal mit Sicherheit nichts, denn im Vergleich zu den Brocken, die bei denen an der Angel zappeln, ist meine Rate nur ein kleiner Fisch. Damit gehe ich nicht ins Netz. Ich nicht.

Aber was Chris mit dem zweiten Blick auf dem Auszug entdeckte, brachte ihn fast zum Ausrasten.

«Das darf doch nicht wahr sein!», schimpfte er laut. «Die Bank brummt mir fünf Euro Stornogebühr auf. Für was denn?»

Hinter seinem Rücken lachte jemand. Aber es war kein Auslachen, kein Spott, es klang eher bitter. Chris drehte sich um und starrte entgeistert in das Gesicht einer hageren Frau. «Junger Mann, bei den Banken kostet jeder Handschlag Geld. Umsonst ist nichts, das ist die Spielregel! Noch nie davon gehört? Fragen Sie mal Ihre Eltern!»

Meine Eltern, dachte Chris. Wie ein Blitz durchzuckte ihn plötzlich der Gedanke an die Mutter. Das Kostgeld! Wie hatte er das nur vergessen können? Es musste doch auf den Tisch. Aber wie? Wenn nicht, würde alles herauskommen. Der ganze Schuldensumpf! Und wie sollte er den erklären? Beide würden aus den Latschen kippen, der Vater toben, die Mutter heulen. Verdammt!

Wie lange Chris später ziellos durch die Straßen gelaufen war, er hätte es nicht sagen können. Die Zeit war aus dem Takt geraten. Irgendwann setzte er sich auf ein Mäuerchen, stützte die Ellenbogen auf die Knie, das Kinn in die Handflächen und stierte aufs Pflaster. Denk nach, befahl er sich. Es gibt einen Ausweg, irgendwoher kralle ich Geld.

Verdammt, immer dreht sich alles ums Geld. Schwarzgeld, Schmiergeld, Schweigegeld. Skandale, Prozesse, Korruption, Geldwaschanlagen, geheime Konten, der ganze Spendensumpf. Da werden Millionen gescheffelt und beiseite geschafft. Da wird kassiert und abgesahnt, da wird beschissen ohne Ende. Und dabei taucht bei manchen Wirtschaftsbossen, Funktionären und so genannten Volksvertretern oft nur die Spitze vom Eisberg auf. Die da oben rühren in so vielen Suppen, dass man die Fettaugen gar nicht mehr zählen kann. Von wegen, Geld stinkt nicht. Geld verdient Geld, und Geld regiert die Welt. So läuft das Spiel. Aber so einen Nobody wie mich, mit nix auf der Kante, den bügeln die Kerle glatt, greifen in die Taschen und machen Kasse. Und alles total legal.

Chris nahm den Kontoauszug und zerriss ihn wütend. Für ein paar Sekunden hielt er die Papierfetzen in der Hand, dann knüllte er sie zu einer Kugel und zielte die gegenüberliegende Bordsteinkante an.

Doch die Wut ermüdet schnell, wenn sie auf so dünnem Boden steht, wenn sie nur Ersatz ist für ein anderes, stärkeres Gefühl: die Angst.

Als Chris zu Hause ankam, hatte er einen Entschluss gefasst: Er musste sich überwinden, den inneren Schweinehund bekämpfen und nochmal hin zur Bank. Notfalls auf allen vieren dem Kunz entgegenkriechen. Schleimen, was das Zeug hält. Wenigstens das Kostgeld noch einmal aus ihm herausleiern. Auf gar keinen Fall durften die Eltern Wind von der Sache bekommen.

Er war froh, dass im Wohnzimmer die Glotze flimmerte: *Wer wird Millionär?* Die 500-Euro-Frage: *Wer über genügend Bares verfügt, der ist: fest, flüssig, gasförmig, schleimig.*

Passt wie die Faust aufs Auge, dachte Chris, blieb in der Tür stehen, murmelte: «'n Abend. Ich verzieh mich nach oben, hab keinen Hunger, bin müde!»

Das war noch nicht mal gelogen, er fühlte sich schlapp und schlaff wie schon lange nicht mehr.

Herr Kunz schien gleichgültig durch Chris hindurchzusehen und gähnte verstohlen hinter der vorgehaltenen Hand.

«Ja, ja, Herr Riemann. Ja. Das haben wir doch jetzt schon dreimal hintereinander durchgekaut. Dass Sie im Juli Ihre Prüfung machen und dann im August, wie Sie sagen, die Kohle rollt, ist ja schön für Sie, aber uninteressant für uns. Interessant ist nur, dass Sie zurzeit Azubi sind, alles andere ist Zukunftsmusik. Kein Grund, Sie mit Geld zu beliefern. Geht das nicht in Sie rein?»

Chris hatte das Gefühl, als stünde eine dicke Wand zwischen ihnen. Nichts von dem, was er abspulte, zog. Alle drängenden Bitten beantwortete Herr Kunz mit Achselzucken. «Zu helfen», sagte er, «dazu bin ich ja prinzipiell immer gern bereit, aber Sie missbrauchen meine Gutmütigkeit. Der Beweis ist Ihre letzte Überweisung über 400 Euro. Nein, nein, Herr Riemann, was zu weit geht, geht zu weit.»

Chris gab trotzdem nicht auf. Seine Stimme flehte jetzt. Er brauchte das Kostgeld, er hatte keine Wahl! Er musste den Kunz erweichen. «Bitte, ich bitte Sie! Nur noch einmal 100. Nicht wegen mir, nur wegen meiner kranken Mutter! Wenn die in ihrem Zustand spitzkriegt, dass ich Schulden habe, dann …»

So was muss doch ziehen, dachte Chris. Wenn ich jetzt noch auf Kommando drauflosflennen könnte!

Herr Kunz seufzte und stöhnte, starrte zur Decke, scharrte nervös mit den Füßen und ließ sich endlich überreden. «Aber nur unter zwei Bedingungen, dass wir uns da richtig verstehen.»

Mahnend, mit erhobenem Ton, richtete sich sein Zeigefinger beschwörend auf Chris. «Erstens: Sie versprechen mir in die Hand, dass Sie diese Summe auch wirklich da abliefern, wo sie hingehört! Zweitens: Sie setzen alle Hebel in Bewegung, um Ihr Konto schnellstens zu decken. Wie, ist mir egal. Bin ich deutlich genug?»

Chris nickte und antwortete leise, widerstrebend wie ein Kind, das man etwas zu sagen zwingt: «Ja, ja. Und danke, nochmals vielen Dank!»

Noch nie hatte sich Chris so mickrig gefühlt, so hundsmiserabel elend, wütend auf alles, wütend auf sich und verzweifelt zugleich. Nie mehr würde er sich so eine Jammerlappentour antun, schwor er sich.

In der City lief eine Demo. Studenten. Chris hatte Mühe, sich durch die Menge zu drängen. Um zu wissen, worum es ging, brauchte er nicht auf die Spruchbänder zu sehen. Natürlich ums Geld. Wie immer. Um irgendeine Kürzung. Jedenfalls um Kleckerprobleme im Vergleich zu denen, die ihm die Gurgel zudrückten.

Das Fernsehen war da und jede Menge Polizei. Mannschaftswagen und Streifenwagen. Durch die Fenster sah Chris, dass sie die Visiere ihrer Helme hochgeklappt hatten. Einige rauchten. Chris bog in eine Seitenstraße ab, kickte eine herumliegende Colabüchse gegen einen parkenden Bus und blieb vor einer Fußgängerampel stehen. Ihm gegenüber glänzte im hellen Sonnenlicht die Glasfassade der Supra-Bank. War das nicht die Bank mit den Kleinanzeigen über Eilkredite in der Zeitung?

Geldprobleme? Von allen Banken abgelehnt? Wir machen keine langen Worte. Bei uns bekommen Sie die Lösung. Altschulden kein Hindernis. Tägliche Auszahlung. Kompetent. Zuverlässig. Günstig.

Chris überlegte: Ich würde von heute auf morgen meine Probleme los sein, wenn den Sprüchen auch nur entfernt zu trauen ist. Und warum sollte ich das nicht? Wenn das Kredithaie wären, könnten die nicht öffentlich diese Art von Werbung fahren. Das ist schon mal klar. Und überhaupt: Kredithaie und diese knochenharten, breitschultrigen Gorillas im dunklen Anzug, die mit Baseballschlägern und Springmessern Schulden eintreiben, die gibt's doch nur in Gangsterstreifen. Ich bin doch nicht im falschen Film!

Im Internet hatte Chris auch schon nach Infos über Kredite gesurft und gelesen:

Online – KREDITBERATUNG –
WEGE ZUM SCHNELLEN GELD
Sofortkredite – Sofort wieder Wind in den Segeln.
Eilkredite – Weil man es manchmal ziemlich eilig hat.
Schnellkredit – Was Sie sich leisten wollen, können
Sie blitzschnell haben.
EasyCredit – Schnell und bequem mit Online-Sofortzusage
in 30 Sekunden.

Da hatte er gestockt, gedacht: Da ist vielleicht was faul, das geht mir *zu* schnell, da blicke ich nicht durch, Kreditverträge übers Internet? Ja, nein, ich weiß nicht – nein, doch besser nicht.

Chris überflog mit einem Blick die Werbung hinter den glänzenden Scheiben der Supra-Bank:

Finanzsorgen? Testen Sie uns.
Wir helfen kundenfreundlich und unbürokratisch.
Kein Formularkrieg.
Wir stellen Ihnen den gewünschten Betrag sofort
zur Verfügung.
Diskretion Ehrensache!
Fragen Sie nach unseren aktuellen
Kreditangeboten.

Fragen kostet nichts, dachte Chris. Reingehen kann man ja mal.

37

«Sich zu verschulden, das kann jedem passieren, dass er da rein-
rutscht. Jedem! Wer ist denn heutzutage schon schuldenfrei? Und
nun mal Kopf hoch, Herr Riemann. Wir sichern Sie ab!»
Diese Sätze des Angestellten in der Kreditabteilung der Supra-
Bank hatten sich in seinem Kopf festgehakt. Absolut cool und locker war der Mann ihm entgegengekommen, hatte schulterklopfend gelacht und von «Kleinkram» gesprochen, als Chris, über
den Daumen gepeilt, die Kreditsumme nannte, mit der er bei seiner Bank in der Kreide stand. Und in diesem geschniegelten Spar-
kassenlook lief bei der Supra-Bank auch keiner rum, eher lässig.
Eben ganz normal, fand Chris. Wie jeder. Die waren anders, das
ganze Klima. Das merkte er sofort.
Als er auf die Straße trat, erschien ihm auf einmal der Himmel
blauer als sonst und die Stadt überhaupt nicht mehr grau.

Chris hatte jetzt eine neue Bank, ein neues Girokonto und einen
neuen Kredit: 3500 Euro mit einer Laufzeit von vier Jahren und
einer monatlichen Tilgungsrate von 92,87 Euro.
Er hatte eigentlich beabsichtigt, nur so viel aufzunehmen, dass er
seine Bankschulden begleichen konnte. Aber die Supra-Bank
hatte ihm zu einer höheren Summe geraten: «Man muss sich auch
ab und zu ein kleines Extra gönnen können, das Leben genießen,
die Feste feiern, wie sie fallen. Spielraum ist angesagt, speziell für
den Fall, dass etwas geschieht, womit man nicht gerechnet hat.
Also bauen Sie auf unsere Erfahrung und auf unseren Service, mit
dem wir alle Ihre Probleme lösen!»
Und der, fand Chris, ist wirklich allererste Klasse.

Von dem neuen Kredit bezahlte Chris schon zwei Tage später die Schulden bei seiner alten Bank. Die waren höher, als er angenommen hatte: 1189,52 Euro für die Kontoüberziehung und 1338,30 Euro Restschulden aus dem Ratenkredit.

Na und? Chris schnickte mit den Fingern. Sollte er deshalb Trübsal blasen? Wegen der paar Mäuse? Im Gegenteil! Der Kunz konnte ihn jetzt mal kreuzweise, und außerdem war er nun so satt bei Kasse wie noch nie zuvor, durch das Guthaben von etwa 1000 Euro bei der Supra-Bank. Over und vorbei der ewige Stress ums Geld – Schnee von gestern.

Chris schloss erleichtert die Augen. Mensch, dachte er. Dass ich da raus bin! Alles schien wieder leicht und einfach zu sein. Welchen Grund sollte es also jetzt für Chris geben, eine Liste seiner monatlichen Ausgaben aufzustellen. Er dachte nicht im Traum daran.

Von dem Lehrlingslohn sollten jetzt abgehen:

Kostgeld	Euro 100,00
Supra-Bank-Kreditrate	Euro 92,87
Versandhausrate für den DVD-Recorder	Euro 43,48
Privathaftpflicht- und Rechtsschutzversicherung	Euro 17,30
Unfallversicherung	Euro 14,76

Inzwischen hatte der Fahrlehrer angemahnt. *Meine Geduld mit deiner Zahlungsschlamperei ist am Ende*, schrieb er. *Noch länger hinhalten lasse ich mich nicht mehr. Und was das konkret bedeutet, das wirst du schon erleben, das kommt dich teuer zu stehen.*

Sein Schreiben lag zerknüllt in der Ecke. Trotz aller Empörung über den rotzigen Tonfall des Briefes war Chris klar, er musste handeln und unbedingt dem Schnautz die Scheine in den Rachen stopfen. Und zwar bald.

Aber einen Tag später kam noch ein Brief. Von Christina. Und der ließ ihn alles andere vergessen. Chris ahnte, als er hastig den Umschlag mit dem Zeigefinger aufschlitzte, was ihn erwartete. *Lieber Chris*, las er und wendete sofort das Blatt. Ganz unten auf der Rückseite würde der Hammer stehen und schonungslos zeigen, was Sache ist. Und so war es. *Ich hoffe, dass du über die Trennung bald wegkommst, und wünsche dir für deine Zukunft alles Gute!*

Das war er also: der irgendwann zu erwartende Fußtritt. Der Abgang. Jetzt war er da! Und dazu noch mit diesen Worten, in diesem eiskalten, geschäftlichen Ton.

Bennis Warnung fiel ihm ein: Irgendwann hängt dich die Schnepfe ab! Du bist nicht ihre Kragenweite!

Und die seiner Mutter: Denk an das Sprichwort: Gleich und Gleich gesellt sich gern! So ein Mädchen passt nicht zu dir. Junge, ich mein's doch nur gut.

Chris verkrallte die Finger ineinander, hatte das Gefühl, als könnte er sich nicht mehr rühren. Er war starr vor Enttäuschung und Schreck. Dann vor plötzlich aufkochender Wut. Er wollte brüllen, aber seine Stimme knickte ein, ging in Heulen über, in gequältes Schluchzen.

An diesem Abend und den folgenden befahl er sich immer wieder, nichts mehr zu denken, nur auf den Schlaf zu warten. Aber wenn er draußen Schritte hörte, dachte er sofort, es könnten Christinas Schritte sein. Wusste im Grunde genau, es ist nicht so, sprang aber trotzdem vom Bett auf und lief zum Fenster.

Früher hatte es Kummer gegeben, den man verschlafen konnte. Diesen nicht. Das Rad, das mit dem Einschlafen langsam auslief, fing mit dem Erwachen sofort wieder an, sich zu drehen. Wenn der Wecker surrte, stand er auf, fuhr in die Werkstatt, baute Kupplungen aus und Heckscheiben ein, wie ein programmierter Roboter. Und in den Pausen spielte er den Grinsemann. Halt die Bälle flach, sagte er sich jeden Tag. Dein Durchhänger geht die Kollegen nichts an.

Aber ständig nach außen zu heucheln, man sei total gut drauf, zehrte an den Nerven und schlug auf den Magen. Die Schmerzen hörten nicht auf. Chris versuchte sich selbst zu trösten, irgendwann würde der ganze Krampf ausgestanden sein, die Zeit alle Wunden heilen.

In der Berufsschule döste er vor sich hin. In den Kneipen und Biergärten guckte er neidisch auf verliebte Paare. Zu Hause zog er sich meist in mürrisches Schweigen zurück. Es fiel nicht weiter auf. Nicht mal der Mutter. Die hatte ihren eigenen Stress, denn im Schrebergarten fraßen Horden von Schnecken die Salatbeete kahl.

Und eines Morgens war ihm alles egal: Jetzt mache ich blau. Eine Woche kann ich mindestens rausholen. Und irgendwelche Zipperlein muss ich noch nicht mal erfinden, die findet der Arzt ganz von selbst.

25,00-360,76-4,85-36,49-152

40

Mitte Juni. Der Wetterbericht kündigte seit Tagen erst Regen, dann Schauer, anschließend verbreitet Niederschläge an. Thema Nummer eins für die meisten. Alle fluchten. Chris nicht. Die dunkelgraue Wolkendecke passte zu seiner Stimmung. In seinem Kopf waren nichts als Bilder: Bilder von Christina, die morgens verwuschelt neben ihm aufwacht, noch im Halbschlaf nach ihm tastet, ihn streichelt, küsst. Er liebte sie sehnsüchtig in einem Augenblick und hasste sie im nächsten. Er versuchte, für die Prüfung zu lernen, konnte sich aber nicht konzentrieren. Ließ abends die Glotze laufen, zappte lustlos durch die Programme: Schnulzen, Horror, Filme über Kreuzottern im Sauerland und Ziegenkäse im Engadin – unterschiedslos. Manchmal ertappte er sich dabei, wie er die flimmernden Bilder anstarrte, ohne ein Wort zu verstehen.

Als ihm vom Ernst-Versand ein Brief ins Haus flatterte, blickte er kaum hinein, überflog nur flüchtig die Zeilen:

Ihr Einkaufskonto befindet sich jetzt in der Mahnabteilung. Falls Sie den überfälligen Betrag auch in den letzten Tagen nicht eingezahlt haben, bitten wir Sie, dies umgehend zu tun.

Chris faltete die Seite, steckte sie zurück in den Umschlag und schob den Brief unter einen Zeitschriftenstapel. Weg damit.

Am selben Abend bekam er überraschenden Besuch. «Ja, da staunst du, alter Kumpel!» Es war Daniel, beladen mit einem Sechserpack Bier und Riesentüten Chips. Zwei Wochen Urlaub vom Bund. «Das muss gefeiert werden!»

Chris lag ausgestreckt auf dem Bett, drehte nur gelangweilt den Kopf zur Wand und schwieg. So hatte Daniel den Freund noch nie erlebt. Sollte er ihn in Ruhe lassen? Am nächsten Tag wiederkommen? Aber irgendein unbestimmtes Gefühl hielt ihn zurück, ließ ihn nach einem Stuhl greifen und nahe an die Bettkante rücken. «Also!», sagte er. «Raus damit. Was ist los?» Chris reagierte immer noch nicht. Minuten vergingen. Aber Daniel ließ nicht locker: «Bilde dir bloß nicht ein, dass ich den Abgang mache, bevor ich nicht weiß, was hier abgeht!»

Boxte ihn freundschaftlich in die Seite, bewarf ihn mit einem Kissen, drohte ihm schließlich einen eiskalten Wasserguss an.

Dass Daniel so besorgt war, taute Chris auf. Plötzlich löste sich der innere Knoten, und nach und nach kam die geballte Christina-Pleite an die Luft. Erst leise und stockend, dann laut und heftig. Himmel, tat das gut, alles mal rauszulassen. Jetzt schob er auch nicht mehr das Bier zur Seite und nicht die Chips, kaute, als habe er sechs Tage lang nichts mehr gegessen. Und mit jedem Satz und jedem Bissen ging es ihm besser. Schließlich schwor er sogar hoch und heilig, von solchen «Luxusschnecken» ein für alle Mal die Finger zu lassen, und beerdigte nach dem zweiten Pils alles, was war. Beteuerte: «Ich bin übern Berg. Ich bin drüber weg. Wegen der mach ich mich nicht mehr verrückt!», und glaubte fest daran, was er sagte.

Daniel hatte auch gleich einen ganzen Haufen Ideen parat, die Chris endgültig wieder auf die Beine bringen sollten. Vor allem müsste er eine Party schmeißen, das sei der erste Schritt in die richtige Richtung, neu starten, aufs Gaspedal drücken, wieder rein in die Vollen, ins pralle Leben. Nicht irgendwann, sondern gleich nächsten Samstag. Gar nicht erst lange fackeln. «Mensch, Chris, das wird schon wieder. Du wirst sehn, hoppla hopp, und du bist wieder auf dem Damm!»

Chris ließ sich gern überzeugen, lachte sogar. Laut. Ganz ohne Krampf. Zum ersten Mal seit Wochen.

25,00-360,76-4,85-36,49-152

41

Wenn ich schon eine Party abziehe, dachte Chris am nächsten Tag, dann aber auch richtig. Mit was zum Spachteln vom Party-Service und jede Menge zum Schlucken. Lumpen lass ich mich nicht. Aber ohne Musik kommt null Stimmung auf, und genau an dem Punkt liegt der Hund begraben.

Mit seiner alten Anlage wollte er sich nicht bis auf die Knochen blamieren. Die Boxen schepperten wie Blechkanister. Seit langem schon kitzelte ihn Hightech vom Feinsten in der Nase. Jetzt sah er endlich einen triftigen Grund, sich diesen Wunsch auch zu erfüllen. Er überlegte: 1000 Euro muss ich schon springen lassen, alles, was darunter liegt, kann man vergessen. Steinzeittechnik! Lege ich die 1000 cash auf den Tisch, ist mein Bankguthaben mehr als abgeräumt. Was also tun? Schließlich kam er zu dem Ergebnis: Ratenkauf im Versandhaus, in einem der vielen. Es gab ja genug davon.

Blieb nur noch ein Problem zu lösen: die Lieferzeit. Aber auch das bekam er in den Griff, und zwar durch «Die schnelle 24», den 24 – STUNDEN-SERVICE. – AUFPREIS Euro 25. Das Versandhaus versprach:

Auf Wunsch alles von heute auf morgen. Was Sie bestellen, bringen wir schnell, zuverlässig und direkt ins Haus.

Die komplette Anlage mit Kinosound-Boxen-System kostete 763 Euro, da sparte er gegenüber den Einzelteilen doch glatt 400 Euro. Die monatliche Rate betrug 72,50 Euro.

Die erste bezahlte er gleich.

25,00-360,76-4,85-36,49-152

42

Drei Ereignisse überstürzten sich in der zweiten Junihälfte.

Am 19. Juni, morgens, mitten im Berufsverkehr, baute Chris einen Auffahrunfall. Er war eindeutig schuld. Der Unfall passierte auf dem Ulmenplatz, einer unübersichtlichen Kreuzung, auf der Bus- und S-Bahnlinien zusammenlaufen, um ihre hastende Menschenfracht auszuladen. Wo sich alles vermengt und verknotet, wo Rucksäcke hüpfen und Aktentaschen schlenkern, wo man höllisch aufpassen muss. Besonders auf ausscherende Einzelgänger. Und einen von diesen hatte Chris zu lange aufmerksam im Blick gehabt und den vor ihm rollenden Opel zu flüchtig. Zum Glück, dachte er, zahlt die Haftpflichtversicherung die Reparatur an dem Opel.

Chris schätzte den Schaden am eigenen Auto – vorausgesetzt, er käme gut dabei weg – auf ungefähr 400 Euro. Die musste er selbst bezahlen. Das war ein Schlag in die Magengegend. Den musste er erst mal verdauen, am besten mit einem Cognac, fand Chris. Der machte den Bauch warm und den Kopf so angenehm dösig, dass er vergaß, in der Werkstatt anzurufen. Trudelte erst zwei Stunden später dort ein und stieß sofort mit dem wutschäumenden Bender zusammen, der auch gleich Dampf abließ: «Ich glaub, es hackt! Schon mal was von Pünktlichkeit gehört? Wohl ein Fremdwort für dich! Weißt du, was du bist?»

Mit den Nerven am Ende, brüllte Chris zurück: «Und wissen Sie, was Sie sind? Ein Blinddarm. Ständig gereizt und eigentlich total überflüssig!» Im Abdrehen sah er noch Benders sich zornrot verfärbendes Gesicht. Ihm war klar, das würde Folgen haben. Und wenn schon. Heute war ihm alles scheißegal.

Folgen hatte der Unfall jedenfalls im Hinblick auf seinen Kontostand. Das Guthaben bei der Supra-Bank war nun verbraucht, leer gefegt bis auf den letzten Cent.

Am 25. Juni erhielt Chris einen Brief vom Inkassodienst.

Sehr geehrter Herr Riemann,
das Unternehmen Ernst-Versand hat uns mit dem Einzug des von Ihnen geschuldeten Betrages beauftragt, weil Sie sich in Zahlungsverzug befinden. Deshalb schulden Sie außer der in voller Höhe fälligen Hauptforderung auch die im Einzelnen aufgeführten Nebenforderungen.

Hauptforderung	Euro	217,4C
Mahnkosten der Auftraggeberin	Euro	5,0C
Inkassokosten	Euro	66,0C
Kontoführungsgebühr von monatlich	Euro	1,5C
14,5 % Zinsen bis 25. 6.	Euro	1,3:
Gesamtforderung	**Euro**	**291,2:**

Wir fordern Sie daher auf, die Gesamtforderung innerhalb von 7 Tagen nach Erhalt dieses Schreibens unter Verwendung des beiliegenden Überweisungsformulars auf unser Konto zu überweisen.
Hochachtungsvoll

Sein Herzschlag kam zwei, drei Sekunden aus dem Rhythmus, aber dann beruhigte er sich, der Schreck flaute ab. Schließlich gab es ja die Supra-Bank, ich krieg das schon geregelt, hoffte er.

Aber der Gedanke verschwand, denn am nächsten Tag bestellte der Chef in der Frühstückspause alle Lehrlinge im dritten Ausbildungsjahr ins Büro. Und kam dort, hinter dem Schreibtisch thronend im schweren Lederpolster, auch sofort zur Sache: Was er nun mitzuteilen habe, falle ihm nicht leicht, das solle man ihm bitte glauben. Fakt sei, dass aufgrund der wenig positiven Auftragslage eine Weiterbeschäftigung nach bestandener Gesellenprüfung leider nicht möglich sei. Der Betrieb verlange nach einem schlankeren Konzept, einer Verdünnung der Personaldecke, kurzum, er bitte um Verständnis für seine Lage.
Die Lehrlinge sahen ihn an, als könnten sie nicht glauben, was er sagte. Chris' Kehle war trocken vor Enttäuschung. Er hätte kein Wort herauswürgen können. Aber jedes Reden wäre ohnehin zwecklos gewesen. Nur der Chef holte Luft für neue Sätze: Natürlich sei ihm klar, so eine Hiobsbotschaft kurz vor der Prüfung sei

nicht gerade angenehm, aber er führe morgen zur Messe, anschließend in den Urlaub, deshalb ... sie würden schon verstehen.

Zum Schluss drückte er jedem die Hand, bat nochmals um Verständnis, wünschte viel Erfolg und verbreitete schulterklopfend Optimismus. «Sie werden Ihren Weg schon machen. Da bin ich ganz sicher!»

Draußen im Gang wechselten Chris, Ingo und Dirk einen schnellen Blick und sahen dann Florian an: Florian den Schwarzseher, den ewigen Miesmacher. Ließe der jetzt auch nur einen Ton in Richtung «Seht ihr, ich hab's ja gleich gesagt!» ab, dann würde er an die Wand gedrückt, dann klebten ihm garantiert drei mal zehn Finger im Gesicht.

Florian wagte nicht aufzusehen, er schien ihre Gedanken zu spüren und blieb stumm wie die anderen.

25,00-360,76-4,85-36,49-152

43

Anfang Juli gratulierte die Schulleitung zur bestandenen Abschlussprüfung. Wieder Händeschütteln. Wieder die besten Wünsche für die berufliche Zukunft. Wir freuen uns für Sie. Auf was sollen wir uns denn freuen, fragte sich nicht nur Chris, aufs Gehechel nach einer Arbeitsstelle oder auf was? Alles hohles Gesabber, nichts als feuchte Sprüche. Als ob die keinen Dunst davon hätten, wie viele Jugendliche ohne Arbeit sind. Chris dachte, wenn mich jetzt einer dieser fetten Beamtenärsche ölig nach meinen Zukunftsplänen fragt, dann nehme ich ihn hoch, dann kriegt er zu hören: An den Wochenenden werde ich ans Mittelmeer jetten, meine Yacht bewegen, die Bar auffüllen und was sonst noch so anfällt.

Zu Hause hieß es: Es wird schon werden, Junge!

Besonders die Mutter bemühte sich, alles durch die rosa Brille zu sehen. «Wetten, dass du am 1. August unter Dach und Fach bist? Dein Horoskop ist jedenfalls vielversprechend.» Und sie las, sein genervtes Stöhnen überhörend, mit aufmunterndem Lächeln vor: «Im Beruf können zunächst kleine Verzögerungen und Hemmnisse auftauchen, aber der starke Einfluss von Jupiter und Merkur verheißt neue Perspektiven. Nehmen Sie Veränderungen zuversichtlich in Angriff.»

Verändern sollte er vor allem erst mal seine Frisur, fand die Mutter. «Mit diesen Haaren, diesen ungepflegten Zotteln, schickst du mir kein Bewerbungsfoto los! Ordentlich muss man aussehen, der erste Eindruck ist entscheidend, schließlich geht es um deine Zukunft!»

Chris ging zum Friseur. Dadurch verstummte immerhin schlagartig ihr Gemaule und Gemecker.

«Kopf hoch, Brust raus und die Hacken zusammenschlagen!», riet der Vater und legte ihm jeden Morgen die Zeitungsseite mit den Stellenanzeigen neben die Kaffeetasse. Dünn gesäte Angebote, mit einem Blick zu sichten: Wir suchen einen wendigen, vielseitigen Mitarbeiter. Wir bieten gute Bezahlung, moderne Werkstatt, angenehmes Betriebsklima. Wir erwarten Liebe zum Beruf, Engagement. Aussagefähige schriftliche Bewerbungen mit Lichtbild an …

Chris schrieb zunächst an drei Unternehmen, aber schon nach knapp einer Woche brachte der Postbote seine Bewerbungsunterlagen zurück: *Mit dem größten Bedauern müssen wir Ihnen leider mitteilen … Wir haben auch Ihre Bewerbung geprüft, aber … Zu unserer Entlastung senden wir … Mit freundlichen Grüßen*

Vaters neue Durchhalteparole hieß nun: «Arschbacken zusammenkneifen, Ohren anlegen und durch!»

Wenn in der folgenden Zeit der Briefkasten blechern klapperte, war nicht schwer zu erraten, dass sich darin weitere Absagen stapelten: *Unsere Entscheidung sollte Sie nicht zu dem Schluss verleiten, Sie seien für diese Tätigkeit nicht geeignet.*

Wofür dann, fragte sich Chris nach dem dreizehnten Wiedersehen mit seinem gepflegten Kurzhaarschnitt auf dem Foto.

25,00-360,76-4,85-36,49-152

44

Am 15. Juli erfuhren die Eltern von Chris' Schulden beim Versandhaus. Chris war sich sicher, an dieses Abendessen würde er sich noch lange wie an eine Filmszene erinnern. Es gab Schnitzel und Bratkartoffeln mit Gurkensalat. Sandra war auf Klassenfahrt im Harz. Er saß mit den Eltern allein am Tisch. Verbissenes Schweigen, verdächtige Stille. Plötzlich legte der Vater Messer und Gabel beiseite und fragte mit einer lauernden Stimme, die noch einiges erwarten ließ: «Hast du uns nichts zu sagen?»

Chris hatte gerade eine Ladung Bratkartoffeln in den Mund geschoben und hörte überrascht auf zu kauen.

Der Vater wurde laut: «Chris, ich rede mit dir. Antworte!»

Wie denn? Was denn? Mit vollem Mund? Ich denke, das soll ich nicht, wollte er gerade spötteln. Aber die Sätze blieben ihm buchstäblich im Hals stecken, denn im selben Moment flog quer über den Tisch ein Brief und landete mitten auf seinem Teller. «Da! Lies!»

Chris starrte auf den vom Schnitzelfett bespritzten Absender: Inkassodienst. Er riss den Umschlag auf.

Sehr geehrter Herr Riemann,
Sie sind unserer Zahlungsaufforderung nicht nachgekommen. Deshalb werden wir einen Mahnbescheid von unseren Anwälten vorbereiten lassen. Das gerichtliche Verfahren beim Amtsgericht können Sie

nur noch vermeiden, wenn Sie innerhalb von 4 Tagen nach Erhalt dieses Schreibens die heutige Gesamtforderung mit dem beigefügten Überweisungsformular zahlen ...

Zu der Hauptforderung und den Mahnkosten kamen nun noch höhere Inkassokosten und Zinsen, sodass der Gesamtbetrag inzwischen auf 306,23 Euro angewachsen war.

Der Vater griff nach dem Brief, überflog ihn. Chris wusste, dass jetzt kein Ausweichen und Ausreden half. «Okay. Ich hab Mist gebaut!», gestand er kleinlaut, kaum hörbar, und dachte: Herrgott, die haben ja keine Ahnung, wie hoch ich noch bei ganz anderen Stellen in der Kreide stehe. Da blicke ich ja selbst nicht mehr richtig durch. Die springen ja jetzt schon im Dreieck, ohne die blasseste Ahnung von dem Ausmaß des ganzen Schlamassels. Die gehen davon aus, dass ich blechen kann.

«Mist nennst du das?» Jetzt kam der Vater in Fahrt, tobte, lief wutstampfend auf und ab. «Ich nenne das sträflichen Leichtsinn, Haltlosigkeit. Willst du, dass dir der Gerichtsvollzieher die Bude einrennt? Willst du vor den Kadi, am Ende noch in den Knast? Unser Sohn ein Krimineller! Ich versteh die Welt nicht mehr. Was haben wir nicht alles für dich getan. Und was tust du uns an? Wenn sich das rumspricht, wenn die Nachbarn davon Wind bekommen, wie stehen wir dann da?»

Die Mutter griff beschwichtigend nach Vaters Arm. «Peter, bitte ...!» Und zu Chris mit Tränen in den Augen: «Was hast du dir bloß dabei gedacht?»

Stille. Chris starrte auf das verblichene Muster der Tischdecke. Die Eltern warteten auf eine Antwort. Aber was sollte er sagen? Nichts hatte er sich dabei gedacht. Eigentlich nichts. Irgendwie bin ich da reingeschlittert, dachte er. Aber wie soll man das erklären? Ich verstehe mich ja selbst nicht mehr.

Was sollte er jetzt tun? Die Geldeintreiber würden weiter Druck machen, hammerhart. Immer höhere Zinsen und Kosten draufklatschen. Er saß in der Falle. Schnapp! In der Schuldenfalle. Total blank. Pleite. Keine Arbeit, kein Geld und keine Aussicht auf Besserung.

In seinem Kopf arbeitete es fieberhaft. Eine Hoffnung gab es noch: die Supra-Bank. Der letzte Rettungsanker: Kreditaufstockung.

Die reißen mich raus, die lassen mich nicht hängen, mit Sicherheit nicht, überlegte Chris, jetzt schon ruhiger atmend.

Diese Hoffnung platzte am nächsten Tag, denn von der Supra-Bank kam ein klares Nein. «Sie müssen verstehen», sagte die Sachbearbeiterin, «ohne den Nachweis eines Arbeitsvertrages mit einem gesicherten regelmäßigen Einkommen können wir Ihnen nicht länger entgegenkommen, zumal auch keine anderen Sicherheiten vorhanden sind. Wertpapiere, Aktien, Immobilien.»

Blöde Schnalle, dachte Chris. Wenn ich den ganzen Zimt hätte, müsste ich hier nicht als Bittsteller rumwinseln. Immer dasselbe Scheißspiel. Erst drängen die einem Kredite regelrecht auf, und wenn man im Schlamassel steckt, wird der Geldhahn zugedreht.

Er senkte den Kopf. «Also keine Chance?»

Sie zuckte mit den Achseln. «Wie ich schon sagte, bei der Vorlage eines Arbeitsvertrages können Sie jederzeit mit uns rechnen. Wie immer, kundenfreundlich, flexibel und schnell.»

25,00-360,76-4,85-36,49-152

45

An einem späten Vormittag wachte Chris auf und fand sein Zimmer gestreift, weil das grelle Sonnenlicht, gefiltert durch die Jalousien, in den Raum drang. Sein erster Gedanke: Hier sieht's aus wie im Käfig. Gitterstäbe. Jetzt fang bloß nicht noch an zu spinnen, sagte er sich.

Die halbe Nacht hatte er sich den Kopf zermartert, nach Wegen gesucht, um Geld aufzutreiben. Wie in den alten Zeiten, wie früher, als er mit den Kumpels zusammen auf der ständigen Jagd nach Geld gewesen war. Und was hatten sie nicht alles auf die Beine gestellt, Möglichkeiten gab es immer: Zeitungen austragen, alten Omas die Tüten vom Supermarkt heimschleppen, Hunde zum Pinkeln ausführen. Und einmal war das Unglaubliche geschehen, der Glückstreffer hoch zehn. Als wäre es gestern gewesen, so genau erinnerte sich Chris noch daran: Ein dunstiger, warmer Abend, ein paar Regentropfen, und der pickelige Nils im grünen T-Shirt und abgewetzten Jeans stolperte zufällig über ein Portemonnaie, prall gefüllt mit Scheinchen – und lieferte, anstatt sich dünnzumachen, den Batzen treudoof auf dem Revier ab. Und kassierte Finderlohn, und zwar von einer Frau, die im Zaster nur so schwamm, die ihre Pinscher im Porsche spazieren fuhr.

Von wegen: Alle Menschen sind gleich. Mir jedenfalls, dachte Chris. Und hätte ich nicht solches Muffensausen, würde ich den Superreichen eiskalt die Kasse abgreifen oder eine Bank überfallen: Hände hoch und keine Bewegung! Und dann mit der satten Beute, kurz vor der Landung im Knast, nochmal voll auf den Putz hauen. Frei nach dem Motto: Wenn schon Titanic, dann erster Klasse!

Chris sah wieder auf die Sonnengitterstäbe und griff sich an den Kopf: Mensch, Riemann, du spinnst dir da vielleicht ein Zeug zusammen, dreh bloß nicht durch, Mann, bleib auf dem Teppich!

Über der Stadt hing eine gelblich graue Dunstwolke. Augusttage vergingen, die wie die stickig-schwüle Luft auf Chris lasteten. Ohne Stelle, ohne Arbeit dehnte sich die Zeit. Er sah häufig auf die Uhr. Das kann nicht sein, dachte er. Es muss doch viel später sein.

Jetzt hatte er die bedrückende Freiheit, nichts tun zu müssen, ohne Pflichten in den Tag hineinleben zu können. Aber ohne das nötige Kleingeld waren noch nicht einmal Gammelstunden im Biergarten oder im Eiscafé drin. Und was auch immer in den Schaufenstern der City lockte, es durfte ihn nicht interessieren. Außerdem quälte ihn der Gedanke, im Straßengewühl auf Leute zu treffen, die gerade zur Arbeit gingen oder von der Arbeit zurückkamen. Die Aktentaschen schleppten, hektische Eile im Schritt, geschäftig, bedeutend – provozierend zufrieden mit sich und der Welt.

Um all dem aus dem Weg zu gehen, schlenderte Chris oft zum Fluss. Hier nervte ihn niemand und nichts, hier war es beruhigend still. Nur Wasser- und Windgeräusche. Dunkelstämmige große Bäume breiteten ihre Äste über dem Ufer aus, und Chris saß in ihrem Schatten, als wollte er unter ihren tief hängenden Zweigen Deckung suchen. Er beobachtete kleine, sich kräuselnde Wirbel im Fluss und die im Licht sich spiegelnden Wellen. Im Wasser war der Himmel grün, über der Baumreihe des gegenüberliegenden Ufers lichtblau. So genau hatte er früher nie hingesehen. Irgendwo qualmte ein Feuer, Rauch stieg auf. Wenn man sich auflösen könnte, dachte Chris. Einfach wegfliegen.

Ein Paddelboot glitt vorüber. Ein Zweier. Ein Paar. Christina. Der Gedanke an sie tat immer noch höllisch weh. Von wegen, aus den Augen, aus dem Sinn! Alles dummes Geschwätz!

47

Auf keinen Fall durften den Eltern weitere Mahnungen in die Hände fallen; und um dies zu verhindern, lauerte Chris jeden Morgen dem Briefträger auf. Er hatte ihnen vorgeflunkert, inzwischen alles im Griff zu haben. «Glaubt mir, der Druck ist erst mal vom Tisch, die Forderung auf Eis gelegt. Vereinbart ist, dass die mir erst die Taschen abgreifen, wenn ich eine Stelle habe und entsprechend verdiene.»

Vorbei die Zeit der Endlos-Standpauken, der nervenden Litaneien: Wir sind dir stets ein Vorbild gewesen, haben immer auf den Cent genau gerechnet und sind nie was schuldig geblieben. Aber so einer wie du, mit nichts als Flausen im Kopf, muss ja gleich alles auf einmal haben, kriegt den Hals niemals voll. Junge, Junge, wo hast du das bloß her? Wir kommen da nicht mehr mit!

48

Am 10. August brachte der Briefträger Post vom Inkassobüro Hans Mertens: Das drohte, im Auftrag der Fahrschule Schnautz, mit einem Mahnbescheid. Chris wurde aufgefordert, unverzüglich seine Schuld auszugleichen. Sie war nun auf 536 Euro geklettert. Gebühren, Zinsen, das Übliche. *Es geht nicht an,* hieß es in dem Schreiben, *dass Sie die Begleichung noch länger hinauszögern. Jetzt liegt es nur noch an Ihnen, ob Sie gerichtlichen Maßnahmen aus dem Wege gehen wollen ...*

Am 15. August ein weiterer Brief. Allein der Blick auf den Absender versetzte Chris sofort in panischen Schrecken: Amtsgericht. Sein erster Gedanke: Knast. Die setzen mich hinter Schloss und

Riegel. Jetzt ist alles aus. Auf der Stelle abhauen, für alle wie vom Erdboden verschluckt.

Kinder lärmten in der Nähe, ein Hund bellte, eine Autotür schlug zu. Chris hörte die Geräusche so gedämpft wie durch eine dichte Nebelwand. Amtsgericht. Mahnbescheid. Er las die beiden fürchterlichen Wörter immer wieder. In den einzelnen Spalten des Vordrucks türmten sich die Kosten auf. Neben der Hauptforderung und den Zinsen: vorgerichtliche Kosten, Kosten des Verfahrens, Gerichtskosten, Auslagen des Antragstellers – eine ganze Latte. Und darunter in klein gedrucktem Amtsdeutsch der Hinweis, er solle die Ansprüche des Antragstellers überprüfen.

Wie denn, fragte sich Chris. Der Vertrag, die Rechnung vom Ernst-Versand, die Kontoauszüge, die Anschreiben und Mahnungen waren doch gar nicht mehr aufzutreiben. Die hatte er längst zerrissen und weggeschmissen, die vermoderten irgendwo.

Werden die geforderten Beträge nicht beglichen und wird auch nicht Widerspruch erhoben, kann der Antragsteller nach Ablauf der Frist von zwei Wochen einen Vollstreckungsbescheid erwirken, aus dem er die Zwangsvollstreckung betreiben kann.

«Ruhig, Chris!», sagte er zu sich selbst. «Dir ist doch noch gar nicht klar, was das genau bedeutet, und machst dir schon in die Hosen!»

Aber seine Hoffnung stand auf so zittrigen Beinen, dass er sogar später vor dem Einschlafen flehte: «Herr im Himmel, lass ein Wunder geschehen!»

Der Herr im Himmel erhörte diese Bitte nicht.

49

Und nachts schreckten ihn Träume auf. Er rannte über Wiesen und Felder, wollte nicht rennen, konnte aber nicht aufhören, weil er keine Kontrolle mehr über seine Beine hatte. Als gehörten sie nicht zu ihm. Sie liefen einfach weiter, und er musste mit. Rannte und rannte, sah den Abgrund vor sich, sah, wie dunkel es jenseits des Abgrunds war, versuchte die Beine zu stoppen, aber die bewegten sich immer schneller, machten immer längere Schritte. Und in voller Fahrt schoss er über den Rand ins Dunkel und begann zu fallen.

50

Gleich zwei Briefe am 20. August, die der Postbote mit dem immer gleichen Gesichtsausdruck und unauffälliger Geschäftigkeit Chris in die Hand drückte. Ohne Blick auf die Absender riss Chris den ersten Umschlag auf.

Wir freuen uns, Ihnen mitteilen zu können, dass sich unsere Autoreparaturwerkstatt für Sie als neuen Mitarbeiter entschieden hat. Arbeitsbeginn 1. September – vierteljährige Probezeit – Lohn nach Tarif: Gruppe 11, brutto Euro 1455.

Das Herz schlug ihm bis zum Hals. Gerettet! «Ich bin raus aus der Falle!», rief Chris laut, warf die Arme hoch und durchwedelte mit der Stellenzusage die Luft. Den zweiten Brief öffnete er ohne Hast. Denn egal, was da auch drinsteht, dachte er, jetzt wirft mich so schnell nichts mehr vom Hocker.

Es war eine Mahnung des Versandhauses, bei dem Chris die Stereoanlage gekauft hatte.

Ihr Einkaufskonto befindet sich jetzt in der Mahnabteilung ... Mit freundlichen Grüßen

Das war ja vorauszusehen, sagte sich Chris. Schlimm genug. Aber aus dem Spiel steige ich aus, die kriegen mich nicht an den Haken.

25,00-360,76-4,85-36,49-152

51

Nachdem der Kreditberater der Supra-Bank den Arbeitsvertrag aufmerksam durchgelesen hatte, drückte er Chris die Hand, gratulierte, lächelte ihm freundlich und aufmunternd zu und bot Kaffee an. «Auch Milch und Zucker, Herr Riemann?»
Chris' mulmige Angst verschwand. Die Kreditaufstockung schien gesichert zu sein, das lag in der Luft. Er hatte sich völlig umsonst aufgeregt. So was Beknacktes!
«Ich nehme an, Sie kennen Ihren genauen Kontostand?»
Chris hatte nur eine dunkle Ahnung. Er nickte unsicher. Der Kreditberater druckte Summen aus. Nur Augenblicke später hielt er Chris das Papier dicht vor die Augen, immer noch lächelnd, wie ein Zauberer, der schon wieder das Karoass aus dem Kragen hervorgeholt hat: Restsaldo aus dem Ratenkredit Euro 3295, Überziehungskredit Euro 485 – Gesamtschuld: Euro 3780.
Als er die Summe hörte, schrak er zusammen. Ich fall vom Stuhl, dachte er.
«Noch einen Kaffee?»
Für eine Antwort war Chris zu sprachlos. Dafür redete jetzt der Kreditberater umso mehr, deckte sein Schweigen mit einem Schwall von Zahlen zu und rückte am Ende mit dem Vorschlag heraus: «Wir machen Nägel mit Köpfen und erhöhen Ihren Kredit auf 6000 Euro!»
Chris war plötzlich zum Ersticken heiß: 6000! Das brockt! Und wie das brockt, dachte er. Nein, auf gar keinen Fall. Lieber 5000, das klingt schon ganz anders. Aber wie zum Teufel soll ich den

nächsten Monat überstehen? Der Lohn kommt doch erst Ende September, und was davon netto herausspringt, wird sich erst zeigen. Und inzwischen laufen die Kosten munter weiter: die Versicherungen, die neue Kreditrate, das Geld für die Mutter, die Schuldbeträge, die Inkassoforderungen. Und von der Hand in den Mund lässt sich auch nicht leben, und das Auto schluckt Sprit. Das kann ja heiter werden, dachte Chris. Ich sehe die Kacke schon dampfen!

Sein Kredit wurde auf 5000 Euro aufgestockt mit einer monatlichen Kreditrate über 127,83 Euro, Laufzeit 5 Jahre, Zahlungsbeginn 1. September.
«Danke!», murmelte Chris mit einem bitteren Geschmack im Mund. Es klang so wenig ernst gemeint, so beiläufig wie aus Versehen. Chris bemerkte es und wiederholte: «Danke schön!» Diesmal klang es dankbarer.
«Keine Ursache!», lächelte der Sachbearbeiter.

25,00-360,76-4,85-36,49-152

52

Von Anfang an gab Chris sich große Mühe im neuen Betrieb. Probezeit: Er durfte keinen Patzer riskieren. Überstunden gleich in der ersten Woche. Die kamen ihm mehr als gelegen, denn nur beim Arbeiten konnte er richtig abschalten und die Sorgen abwerfen wie schweren Ballast. Jetzt hatte er keine Zeit mehr, ständig dasselbe Problem zu wälzen, immer im Kreis, ohne Ausweg und ohne Möglichkeit, mit irgendjemand über alles zu reden.
Mit wem auch? Mit den Eltern? Der letzte Riesenanschiss hatte ausgereicht, alle Hoffnungen auf ein Minimum an Verständnis oder gar Hilfe auszulöschen. War er wirklich so haltlos, wie sie sagten? Hatte er überhaupt keine Willenskraft? Gehörte er tat-

sächlich zu denen, die irgendwann in der Gosse landen? Mein
Gott, was für eine Zukunft hatte ihm der Vater prophezeit? Wenn
er so weitermache, dann würde er später mit Sicherheit als abgewrackter Penner an der Pommesbude herumlungern und zahnlos
nach Münzen grapschen. Eine seiner ständigen Übertreibungen.
Im Anschnauzen und Runterziehen war er Meister.
Zugegeben, er hatte Scheiße gebaut, und zwar nicht zu knapp.
Aber der Vater tat grundsätzlich so, als sei er der Papst persönlich,
unfehlbar. Nie gab er Schwächen zu, in allem wollte er Recht be-
halten. Das war das Schlimmste.
Der wird mich nie verstehen, dachte Chris. Der will mich auch
nicht verstehen. Und die Mutter? Die würde ihn sicher am liebsten wieder einpudern und in Windeln wickeln.
Nein, sein Bedarf an Rüffeln, Krach und Gezeter war ausgereizt,
auf gar keinen Fall durften ihnen weitere Mahnschreiben in die
Hände fallen. Und das würde nur Sandra verhindern können. Sie
kam mittags als Erste nach Haus und konnte deshalb seine Post
aus dem Briefkasten fischen. Er musste ihr alles beichten und sie
schwören lassen, unbedingt dichtzuhalten. Wenn's um die Eltern
ging, zogen sie immer an einem Strick. Warum nicht auch diesmal.

25,00-360,76-4,85-36,49-152

53

Sandra holte tief Luft und pfiff durch die Zähne. «Mit fünf Rie-
sen in den Miesen! So was hätte ich dir gar nicht zugetraut!» Sie
schwankte zwischen Entsetzen und der Art von Bewunderung,
die mit hochschwappt, wenn jemand ein Wahnsinnsding gedreht
hat. Und sie schwor hoch und heilig: «Du kannst dich auf mich
verlassen. Hundertfünfzigprozentig! Dich lass ich doch nicht
hängen, ich bin doch nicht bescheuert!»

Sie wollte sogar ein großes Mitleidsopfer bringen, den Rest ihres Taschengeldes spendieren. «Damit du nicht ganz auf dem Trockenen sitzt, immerhin, so um die dreißig Euro habe ich noch.»

Chris wehrte ab. «Die machen den Bock auch nicht fett, aber dass du dich dazu aufschwingen wolltest und überhaupt, dass ...» Er schluckte, Rührung im Hals, schon ein bisschen zuckend in den Mundwinkeln. Mensch, Chris, reiß dich vor ihr zusammen und zieh jetzt bloß keine sentimentale Nummer ab.

Hätte Chris auch nur einen Tag länger gezögert, Sandra in alles einzuweihen, dann wüssten die Eltern jetzt Bescheid. Das Inkassobüro Hans Mertens hatte einen Mahnbescheid erlassen im Auftrag der Fahrschule Schnautz und sich «eine Frist von einer Woche notiert». Zahle er nicht, hieß es, drohe die Zwangsvollstreckung.

Diesmal wurde der Brief nicht zerknüllt, landete nicht im Müll oder im Straßengraben. Chris füllte sofort die beiliegende Zahlkarte aus. Er machte sich nichts mehr vor. Ihm war inzwischen glasklar geworden, dass er viel zu tief im Schlamm steckte, um sich noch länger belügen zu können. Er selbst hatte die Tickets fürs Schuldenkarussell gekauft, das schnelle Geld war ihm nur so durch die Finger geflutscht. Und er hatte kräftig mit dafür gesorgt, dass sich das Karussell jedes Mal schneller und schneller drehte. Zum Schwindligwerden, im Overspeed zum Kotzen rasend schnell. Höchste Zeit, die Notbremse zu ziehen.

25,00-360,76-4,85-36,49-152
54

13. September
Ahrens-Inkasso-GmbH
Betr.: Forderung des Versandhauses aus der Warenlieferung einer Stereoanlage.

Zu der Hauptforderung über Euro 690,50 kamen Verzugszinsen, Bearbeitungsvergütung, Mahnkosten, Porti und Auslagen. Gesamtforderung Euro 743,46.

15. September
Amtsgericht
Vollstreckungsbescheid zum Mahnbescheid vom 15. 8.

Ein «Drohbrief» und ein Gerichtsurteil. Beides war zu erwarten gewesen. Trotzdem: Ein Gefühl, als ob ihm der Boden unter den Füßen weggezogen würde. Und gleich darauf eine ohnmächtige, verzweifelte Wut, die er mit der Faust in die Wand hämmerte. Das tat weh, machte noch wütender und ließ ihn noch lauter brüllen: «Blutsauger, Aasgeier, Ausbeuter, elendes Schweinepack!»

16. September
Chris wurde schlagartig klar, was ihm nun blühen würde, als er beim müden Zappen durch die Programme zufällig in eine Sendung von *WISO* zum Thema Verschuldung geriet. Und war sofort hellwach, als das Wort Vollstreckungsbescheid fiel. Und im selben Atemzug: Lohnpfändung und Gerichtsvollzieher. Horrorvisionen: Der Gerichtsvollzieher klingelt Sturm und filzt im Beisein der total geschockten Eltern sein Zimmer nach Wertgegenständen, reißt die Schubladen heraus, wühlt im Kleiderschrank zwischen den Sachen herum, durchstöbert Taschen, Kartons und Schachteln, hebt den Teppich an, fingert unter der Matratze ... Und in der Werkstatt erfährt der Chef durch die Lohnpfändung, was er sich da für ein Früchtchen eingehandelt hat. Und das alles während der Probezeit. Aus der Traum. Ende der Durchsage!
Chris schloss die Augen, saß bewegungslos, wie erstarrt. Und plötzlich der Tipp des Moderators: Verhandeln Sie mit den Gläu-

bigern; die Situation ist kritisch, aber noch ist es nicht zu spät. Bleiben Sie in Kontakt, machen Sie Ratenvorschläge.

Das wäre noch eine Chance, dachte er.

25,00-360,76-4,85-36,49-152

55

Anfang Oktober. Samstag.

Vor einem knallblauen Himmel leuchteten die Laubbäume gold-gelb, hellbraun und kupferrot. Chris war mit dem Auto aus der Stadt gekurvt, vorbei an fahlen Stoppelfeldern, hatte am Wald-rand geparkt und lag nun auf dem Rücken im Gras. Über ihm das Flattern und Schweben der Schwalben. Ein Herbsttag, der in der Wärme flimmerte, wie auch die Tage zuvor. Und doch war dieser Tag ein ganz besonderer, denn er wusste jetzt, dass er noch einmal knapp davongekommen war. Auch der letzte der drei Gläubiger hatte sich nicht länger quer gestellt und war, wie die anderen auch, mit einer monatlichen Zahlung von 100 Euro einverstan-den. Mit dem, was er nun insgesamt an Kosten auf dem Hals hatte, blieb unterm Strich nicht viel übrig, aber genug, um die Zeit bis zum Freisein von allen Schulden durchzustehen. Wichtig war nur eins: die Zukunft. Er hatte wieder eine.

Anhang

Sachinfos zur Überschuldung

von Holger Claes

Ende gut – alles gut?

Chris hatte es geschafft – doch hat er auch wirklich an alles gedacht?

Wenn sich alles so einfach auflösen lässt – warum gibt es dann so viele Überschuldete?

Reicht es, mit Gläubigern zu verhandeln, einen festen Job zu haben – um die schwierige persönliche finanzielle Situation zu bereinigen?

Hat Chris daran gedacht, dass er nun selbst die Autoversicherung bezahlen muss – nach dem Unfall sicherlich in der höchsten Prämienstufe?

Oder denkt er daran, dass Winterreifen gekauft werden müssen?

Wie wird er sich zukünftig persönliche Wünsche erfüllen – mit Kredit, durch Ansparen? Kann er auch einmal verzichten?

Besitzt er wirklich einen guten Überblick über seine finanzielle Situation und kann er seinen selbst ausgehandelten Finanzplan einhalten?

Wie viel Geld benötigt er für seine persönlichen Bedürfnisse im Monat?

Wie wird er in Zukunft den Verlockungen der Werbung widerstehen?

Das Ende der Geschichte zeigt, dass Chris es geschafft hat, mit Eigeninitiative, mit einer neuen Stelle und mit verhandlungsbereiten Gläubigern. Die Risiken aber bleiben, und Chris wird eine Menge «Kondition» benötigen, um seine Entschuldung zu erreichen.

Der Weg in die Überschuldung ist häufig kurz, der Weg heraus zumeist mit großen Schwierigkeiten verbunden, mit Verletzungen, erheblichen Einschränkungen, mit vielen persönlichen Nachteilen.

Der nachfolgende Sachteil soll einige Hintergrundinformationen geben zur Thematik Verschuldung, Überschuldung und Lösungsstrategien. Rechtliche Informationen beziehen sich dabei auf die Situation in Deutschland. Die jeweiligen juristischen Grundlagen in anderen Ländern unterscheiden sich davon und müssen im Bedarfsfalle erfragt werden.

Die dargestellten Sachverhalte sind teilweise ziemlich kompliziert. Wir haben uns bemüht, die jeweiligen Zusammenhänge so verständlich wie möglich zu erklären.

Was heißt Überschuldung?

Mehr als 2,5 Millionen Haushalte sind derzeit in Deutschland überschuldet. Betroffen sind Menschen, die über ihre Verhältnisse gelebt haben oder unverschuldet in eine finanzielle Notlage geraten sind. Sie konnten ihren Verpflichtungen nicht mehr nachkommen und sind heute so verschuldet, dass sie nicht mehr wissen, wie ihre Schulden jemals bezahlt werden können.

Aus dem Armuts- und Reichtumsbericht der Bundesregierung 2001 wird deutlich, dass Überschuldung als ein Ausdruck von Armut zu verstehen ist. Besonders häufig ist der Bereich der primären Verschuldung (z. B. Miet- und Stromschulden) neben der Kreditverschuldung (einschließlich Kontoüberziehung) betroffen.

Überschuldung führt zu einer wirtschaftlichen und psychosozialen Belastung der Betroffenen. Beziehungsprobleme entstehen, Menschen isolieren sich. Sie erleben erhebliche Einschränkungen im täglichen Leben. Immer wiederkehrende Stresssituationen durch die ständigen Existenzsorgen führen z. B. zu Schlafstörungen sowie psychischen und körperlichen Erkrankungen.

Die Überschuldungsvorbeugung wird daher immer wichtiger. Sie muss die Bedeutung von Überschuldungssituationen aus allen Blickwinkeln berücksichtigen. Die Schuldnerberatung wird diesem Bereich immer mehr Beachtung schenken müssen. Allerdings sind die Beratungsstellen derzeitig von ihrer Personalausstattung nicht in der Lage, dieser Aufgabe flächendeckend gerecht zu werden, sodass ein entsprechender Ausbau unerlässlich ist. Dieses wird nur durch öffentliche Finanzierung möglich sein.

Jugendliche und Schulden

Nicht nur bei Erwachsenen steigt die Zahl Ver- und Überschuldeter immer weiter an, auch die Zahl junger Schuldner wird immer höher. Vor allem das Telefonieren mit dem Handy kann Jugendliche schon früh in die Schuldenfalle locken. Schuldnerberatungsstellen haben in Einzelfällen schon 20-Jährige mit mehr als 10 000 Euro Handyschulden beraten müssen.

20 % der Jugendlichen in den alten und 14 % der Jugendlichen in den neuen Bundesländern haben bereits Schulden, die nach Erreichen der Volljährigkeit ansteigen.

Jugendliche benötigen immer mehr Geld, um das Gefühl zu bewahren, mithalten zu können. Nicht nur für die allerneueste Mode, sondern auch für stets aktuelle Technik werden immer höhere Summen aufgewandt, und hier steigt der Finanzierungsbedarf enorm an. Geld wird geliehen, Verträge mit weitreichenden finanziellen Konsequenzen werden abgeschlossen, um «in» zu bleiben.

In einer Untersuchung der Universität Oldenburg konnte festgestellt werden, dass – auch wenn das Geld fehlt – Jugendliche nur ungern bereit sind, ihre Konsumwünsche einzuschränken und stattdessen Konsum auf Kredit bevorzugen. Ansparen oder gar Verzicht sei nicht sehr gefragt. Zwar wollen die meisten Jugendlichen geliehenes Geld zurückzahlen, aber wann und in welchen Beträgen – das ist häufig unklar. Daher wird eine stärkere Einbeziehung des Themas «Schulden und Kredit» in den Schulunterricht befürwortet. Die Gefahren einer unbedachten, nicht «durchgerechneten» Kreditaufnahme sollen verdeutlicht und das Problembewusstsein bei Jugendlichen gesteigert werden.

Die Ratsuchenden, die Schuldnerberatungsstellen aufsuchen, sind zumeist schon früh in die Schuldenspirale geraten, haben schon in einem Alter von 16 bis zu 25 Jahren angefangen, sich zu verschulden.

Mit Eintritt in die Volljährigkeit verschärft sich das Problem deutlich. Während selbständige Kreditgeschäfte bis zu diesem Zeitpunkt genehmigungspflichtig waren, sind nun die rechtlichen Schranken gefallen. D.h.: Vertragsabschlüsse, Kreditaufnahmen, Kontoüberziehungen sind jetzt möglich und führen oft in kürzester Zeit zu hohen – zumeist langfristigen – finanziellen Verpflichtungen.

Mögliche Schuldenfallen: Handy und Internet

Das erste eigene Handy markiert oft für viele Jugendliche den Einstieg in eine «Schuldner-Karriere».

Fast die Hälfte aller 12- bis 15-Jährigen besitzt bereits ein Handy.

Es ist eines von den Erzeugnissen unserer Zeit, über deren Kosten man sehr schnell die Übersicht verliert, da die direkte Kontrolle kaum möglich ist.

Mit Eintritt in die Volljährigkeit werden sehr häufig 24-Monats-Verträge abgeschlossen. Der Schock kommt mit der ersten Abrechnung. Diese ist oft viel höher als erwartet. Wenn dann das vorhandene Geld zur Überweisung nicht ausreicht, wird schon nach kurzer Zeit der Anschluss von der Gesellschaft gesperrt. Zu den Gebühren der ersten Rechnungen kommen dann noch Säumniszuschläge, weitere Kosten und auch die Summe für die Grundgebühr der Gesamtlaufzeit hinzu.

So ist es nicht verwunderlich, wenn junge Schuldner praktisch immer auch Handyschulden haben, wenn sie in Beratungsstellen um Termine nachfragen.

Auch das Internet birgt Gefahren für den Bereich Ver- und Überschuldung. Die eigentlichen Gebühren für das Surfen sind dabei nicht das einzige Problem. Junge Ratsuchende in der Schuldnerberatung stellen immer häufiger fest: Sie surfen zu lange im Internet und überschreiten den hierfür ursprünglich einkalkulierten Geldbedarf deutlich. Zusätzlich verführt die Möglichkeit des On-line-Shoppings zur Geldausgabe. Durch die indirekte Zahlungsform wird die Hemmschwelle, über seine Verhältnisse zu leben, massiv herabgesetzt.

Wie ihr euch vor Schulden schützen könnt

Wie lassen sich Fehler vermeiden? Dazu einige Tipps:

Geldbedarf ermitteln!

Wie viel Geld benötigt ihr monatlich für eure Bedürfnisse? Wie viel Geld habt ihr bisher monatlich ausgegeben? Könnt ihr wirklich zukünftig auf monatliche Geldbeträge verzichten, wenn ihr Ratenverpflichtungen eingeht? Fragt euch, welche finanziellen Konsequenzen es hat, wenn ihr nach eurer Ausbildung unter Umständen nicht übernommen werdet. Kalkuliert nicht mit mehr Geld, als euch tatsächlich zur Verfügung steht.

Seid ehrlich zu euch selbst!

Macht euch nichts vor. Sagt euch nicht: «Irgendwie wird es schon gehen», sondern versucht, vor Käufen realistisch einzuschätzen, ob ihr wirklich Zahlungsverpflichtungen eingehen könnt. Wenn möglich, spart den nötigen Betrag vor einem Kauf an.

Handy-Kosten eingrenzen!

Beachtet zumindest einige wenige Regeln, um die Kosten der Handynutzung einzugrenzen. Bevorzugt eine Prepaid-Karte gegenüber einem Fest-Vertrag. So lassen sich «Notbremsen» bei den Gebühren eher ziehen. Vermeidet «überflüssige» SMS – die Kosten hierfür sind viel zu teuer. Geht nicht über das Handy ins Internet – ein PC ist immer billiger und schneller. Vermeidet ebenso lange Gespräche übers Handy – die Gebühren hierfür steigen schnell ins Unermessliche.

Keine Unterschrift auf der Straße!

Ständig erfolgen auf der Straße, besonders in Fußgängerzonen, Werbeversuche für Buchclubs, Mitgliedschaften oder für Spontankäufe. Mit oftmals fadenscheinigen Argumenten sollt ihr dazu gebracht werden, Verträge sofort abzuschließen. Vorsicht! Sie sind immer teurer als vergleichbare Angebote, die man in Ruhe aussucht.

Benutzt eure Bankkarten mit Sorgfalt und Vorsicht!

Obwohl Kredite an Jugendliche nicht erlaubt sind, werden auch sie immer häufiger mit Kundenkarten, Eurochequekarten und sogar Kreditkarten ausgerüstet. Gerade diese Karten sind häufig der Einstieg in die Verschuldung, da der Einzelne sehr schnell den Überblick verlieren kann.

Für Kontoinhaber: Kontrolliert eure Kontoauszüge!

Wenn ihr ein Konto habt, werft eure Kontoauszüge nicht weg, sondern bewahrt sie auf. Kontrolliert vielmehr eure Ausgaben noch einmal und notiert, wie viel ihr ausgegeben habt. Achtet darauf, ob Bankeinzüge, z. B. nach bargeldlosem Einkauf, tatsächlich in der richtigen Höhe erfolgt sind.

Schulden werden nicht von selbst weniger!

Auch Chris musste feststellen, dass Zinsen und Kosten die Schulden ständig in die Höhe treiben. Deshalb: Versucht nicht, den Kopf in den Sand zu stecken, sondern geht das Problem der Schulden an. Verdrängen des Problems und Nichtstun führen dazu, dass die eigenen Schulden deutlich ansteigen.

Lasst es nicht so weit kommen!

Versucht, euch Rat zu holen, wenn ihr merkt, dass ihr Schwierigkeiten habt, Raten oder Ähnliches zu bezahlen. Sucht euch die Adresse einer Schuldnerberatungsstelle und vereinbart einen Termin, um in einem persönlichen Gespräch Hilfsmöglichkeiten zu besprechen.

Lasst den Kontakt nicht abreißen!

Wenn «das Kind in den Brunnen gefallen ist», lasst euch nicht einschüchtern und resigniert nicht. Öffnet die Briefe der Inkassounternehmen, Firmen oder Rechtsanwälte und bleibt mit diesen in Kontakt. Durch Untätigkeit wird das Problem nur noch vergrößert. Es gibt immer Möglichkeiten der Verhandlung durch Angebote von Ratenzahlungen, Stundung etc. Vor allem: Zeigt euren festen Willen, an der Lösung der Schuldenproblematik aktiv mitzuarbeiten.

Hebt Belege auf!

Nicht nur Kontoauszüge, sondern alle Belege, die ihr von Käufen, Verträgen, Verpflichtungen usw. habt, solltet ihr in jedem Fall aufheben. Sortiert sie. Auch wenn alles bezahlt ist, bewahrt die Nachweise auf, denn sie dienen im Zweifelsfall als Beweis.

Das Verbraucherinsolvenzverfahren – ein Überblick

Am 1. Januar 1999 trat die Insolvenzordnung in Deutschland in Kraft. Sie soll für private überschuldete Verbraucher die Möglichkeit eröffnen, sich im Wege eines Verbraucherinsolvenzverfahrens endgültig von ihren Schulden zu befreien. Dieses Verfahren verläuft in mehreren Schritten.

Zunächst muss versucht werden, außergerichtlich (d. h. über direkte Verhandlungen zwischen Schuldner und Gläubiger) tätig zu werden. Die Schuldner müssen sich bemühen, mit allen Gläubigern eine außergerichtliche Einigung zu erzielen (z. B. durch Ratenvereinbarungen). Dabei werden so genannte «geeignete Stellen» die Schuldner im Verfahren unterstützen. Im Falle des Scheiterns dieser Verhandlungen stellen diese hierüber eine Bescheinigung aus. Solche geeigneten Stellen sind zum einen

Rechtsanwälte, Notare und Steuerberater. Zum anderen sind es vor allem die meisten der in einem staatlichen Verfahren anerkannten Schuldner- und Insolvenzberatungsstellen bei den Wohlfahrtsverbänden und den Kommunen.

Mit der Bescheinigung über das Scheitern kann die zweite Phase eingeleitet werden: der Antrag bei dem zuständigen Insolvenzgericht auf «Eröffnung des Insolvenzverfahrens». Nun entscheidet das Insolvenzgericht, ob noch einmal allen Gläubigern ein – diesmal gerichtlicher – Schuldenbereinigungsplan vorgelegt wird. Es soll nochmals versucht werden, eine einvernehmliche Regelung mit einem Zahlungsvorschlag zu finden. Zu dem Antrag auf Insolvenzverfahren sind neben der Bescheinigung der geeigneten Stelle sehr umfangreiche Unterlagen beizufügen. Bei deren Zusammenstellung (z. B. Vermögensverzeichnis, Forderungsaufstellung, Schuldenbereinigungsplan etc.) sollte man sich unbedingt durch die geeignete Stelle helfen lassen.

Wenn alle Gläubiger dem Vorschlag des Schuldenbereinigungsplanes zustimmen, hat das die Wirkung eines Prozessvergleichs. D.h.: Die getroffene Regelung ist für alle verbindlich und wirkt wie ein Urteil. Bei fehlender Zustimmung einzelner Gläubiger kann unter bestimmten Voraussetzungen deren Zustimmung durch das Insolvenzgericht ersetzt werden. Dann kann auch hier der Schuldenbereinigungsplan greifen.

Mit dieser Zustimmung ist in der Regel ein Ratenplan verbunden, an dessen Ende der Schuldner bei regelmäßiger Bezahlung aller Raten schuldenfrei wird.

Bleibt auch der gerichtliche Versuch der Einigung ohne Erfolg, wird das Insolvenzgericht über den Antrag auf «Eröffnung des Insolvenzverfahrens» entscheiden. Wenn dies geschieht, wird im vereinfachten Insolvenzverfahren das noch vorhandene und der Zwangsvollstreckung unterliegende Vermögen an die Gläubiger verteilt. Der gleichzeitig gestellte Antrag auf Restschuldbefreiung führt dann in die sechsjährige Wohlverhaltensphase, innerhalb derer der Schuldner den pfändbaren Teil seines Einkommens an einen Treuhänder abtreten muss, der diese Beträge an die Gläubiger verteilt. Nach ordnungsgemäßem Ablauf dieser 6 Jahre soll das Verfahren mit der Restschuldbefreiung enden, d. h. der Schuldner ist schuldenfrei, die restlichen Schulden werden durch Gerichtsbeschluss erlassen.

- Neu ist in diesem Rechtsverfahren die Möglichkeit, erstens im gerichtlichen Verfahren zum Schuldenbereinigungsplan auch dann eine Zustimmung zu erhalten, wenn einzelne Gläubiger nicht verhandlungs- und vergleichsbereit sind, sowie zweitens die abschließende Möglichkeit der gerichtlichen Restschuldbefreiung und damit der Chance eines schuldenfreien Neubeginns.

- Dieses Insolvenzverfahren bietet denjenigen eine Chance, die keine Chance mehr sehen. Es soll denen helfen, die auch in Zukunft nicht mehr die Möglichkeit haben, die entstandene Schuldenlast vollständig zu tilgen und deren Schulden sich somit immer weiter anhäufen würden.

- Doch Vorsicht, es ist kein leichtes Verfahren, sondern an viele Vorschriften gebunden, deshalb ist Unterstützung durch Fachkräfte erforderlich.

Kleines Abc der wichtigsten Begriffe

Abtretung: Eine A. ist eine Sicherheit, die sich vor allem Banken von Schuldnern geben lassen, um im Falle eines Zahlungsverzuges den pfändbaren Anteil des Einkommens direkt vom Arbeitgeber oder z. B. vom Arbeitsamt erhalten zu können. Eine A. wird auch im Insolvenzverfahren als Grundlage für die Wohlverhaltensperiode erteilt und damit dem Treuhänder das entsprechende Geld für die Gläubiger zur Verfügung gestellt.

Beratungs- und Prozesskostenhilfe: Für Personen mit geringem Einkommen besteht die Möglichkeit, juristische Hilfe kostenlos oder mit niedrigen Raten zu erhalten. Informationen hierzu gibt es bei den Amtsgerichten. Neben der Einkommensprüfung wird auch die mögliche Aussicht auf Erfolg bei Gericht vor der Entscheidung über Gewährung von Prozesskostenhilfe geprüft.

Bürgschaft: Mit einer B. sichern zumeist Banken Verträge, zum Beispiel Kredite ab. Eine dritte Person, häufig aus der Verwandtschaft, bürgt für den Kreditnehmer. Eine B. zu unterschreiben, kann den eigenen finanziellen Ruin bedeuten, da man – oft erst Jahre später – für die Schulden eines anderen aufkommen muss.

Dispokredit (Überziehungskredit): Bei Gehalts- und Lohnkonten wird den Bankkunden häufig ein Betrag genannt, um den sie das Konto jederzeit überziehen können, mit dem sie also disponieren (= planen) können. Der D. ist oft der Einstieg in eine Schuldenspirale ohne Ausweg.

Eidesstattliche Versicherung: Der Gläubiger kann eine E. V. verlangen, wenn alle von ihm unternommenen Versuche, an sein Geld zu kommen, gescheitert sind. Dabei müssen am Amtsgericht (seit 1999 wird dies vom Gerichtsvollzieher durchgeführt) in einem Vordruck Angaben zu allen Bereichen des persönlichen Vermögens gemacht und deren Wahrheitsgehalt «eidesstattlich» versichert werden. Der Gläubiger kann hieraus erkennen, ob weitere Pfändungsversuche für ihn noch lohnend sind. Die E. V. wird

115

im Schuldnerverzeichnis des Gerichts eingetragen und kann auch von anderen bei berechtigtem Interesse eingesehen werden.

Gerichtsvollzieher: Der G. ist eine vom Gericht beauftragte Person und wird zumeist auf Antrag des Gläubigers tätig. Er führt Pfändungen sowie die Abnahme der eidesstattlichen Versicherung durch. In den meisten Fällen sind die G. sehr bemüht, den Schuldnern behilflich zu sein innerhalb des ihnen gesteckten rechtlichen Rahmens. Oft kommen sogar von ihnen erste Hinweise auf eine Schuldnerberatung.

Gläubiger: G. können Personen, Banken, Versicherungen, Versandhäuser sein, kurz: jeder, bei dem Schulden entstehen können. Sie haben Anspruch auf Bezahlung des ursprünglichen Schuldbetrages, der entstandenen Mahn- und Gerichtskosten sowie der Zinsen.

Haushaltsbuch: In einem H. werden die Einnahmen und Ausgaben genau aufgelistet. Es hilft immer und empfiehlt sich dort, wo ein Überblick über die eigene finanzielle Situation gewonnen werden soll und man prüfen will, wofür das Geld ausgegeben wird.

Inkassounternehmen: I. treiben Forderungen von Gläubigern ein, wenn diese hierzu selbst nicht in der Lage sind oder bisher keinen Erfolg hatten. Sie sind darauf spezialisiert, mit den unterschiedlichsten Methoden (von einfachen Mahnschreiben bis hin zur Zwangsvollstreckung) Gelder einzutreiben. Nach Einschaltung von I. entstehen zusätzliche Kosten, die die Gesamtforderung – insbesondere bei unseriösen Unternehmen – zum Teil enorm in die Höhe treiben.

Insolvenz: I. bedeutet Zahlungsunfähigkeit: Der Betroffene ist nicht mehr in der Lage, seinen Zahlungsverpflichtungen nachzukommen. Wer insolvent ist – eine Firma oder auch eine Privatperson –, kann durch Antrag am Insolvenzgericht ein Insolvenzverfahren einleiten.

Insolvenzberatungsstelle: «Geeignete» Stelle im Insolvenzverfahren, die durch eine zuständige Behörde für das Verfahren anerkannt wurde. Im Regelfall sind I. an Schuldnerberatungsstellen angeschlossen oder Teil von diesen. Sie bieten umfassende Verfahrensberatung und Begleitung während aller Phasen des Insolvenzverfahrens.

Insolvenzordnung: Gesetzliche Regelung, die auch Privatpersonen die Möglichkeit eröffnet, bei Zahlungsunfähigkeit oder Überschuldung ein gerichtliches Verfahren einzuleiten, das die Ansprüche der Gläubiger gleichmäßig berücksichtigen soll. Damit kann am Ende eines – allerdings komplizierten und langwierigen – gerichtlichen Verfahrens Schuldenfreiheit erlangt werden. *Die* Chance für einen Neubeginn.

Mahn- und Vollstreckungsbescheid: Ein V. (der Mahnbescheid ist die Vorstufe hierzu) lässt dem Gläubiger die Möglichkeit, in einem Zeitraum von 30 Jahren eine Forderung plus Zinsen und Kosten bis zur völligen Bezahlung einzutreiben. Wer einen M. oder V. zugestellt bekommt, hat nach Erhalt nur eine sehr kurze Frist (2 Wochen), in der gegen den Bescheid Widerspruch eingelegt werden kann.

Mithaftung: Oftmals werden Verträge (Kredite o. Ä.) gemeinsam unterschrieben. In diesen Fällen haftet jeder Unterzeichnende in vollständiger Höhe. Jeder Einzelne ist dem Gläubiger gegenüber in voller Höhe zur Zahlung verpflichtet. Deshalb – Vorsicht! –, wenn «aus Gefälligkeit» oder «unter Druck» Unterzeichnungen von Verträgen gewünscht oder gefordert werden.

Pfändung: Die P. ist eine mögliche Form der Zwangsvollstreckung, mit der berechtigte Forderungen von Dritten beigetrieben werden können. Bei einer P. können zum Beispiel Wertgegenstände in der Wohnung gepfändet (d. h. vom Gerichtsvollzieher eingezogen) oder «pfändbare» Anteile vom Lohn oder Gehalt einbehalten werden. Der Erlös wird an den Gläubiger überwiesen.

Pfändungsfreigrenze: Bei Pfändungen des Lohns / Gehalts darf nur innerhalb festgelegter Grenzen Geld einbehalten werden. Der freie (vor Pfändung geschützte) Betrag, der dem Schuldner zum Lebensunterhalt verbleiben muss, kann einer Tabelle entnommen werden, die beim Bundesministerium der Justiz erhältlich ist.

Pfändungsschutz: Mit Pfändungsmaßnahmen wie Lohnpfändung, Sachpfändung etc. wird massiv in das Leben der Schuldner eingegriffen. Dies soll jedoch nicht dazu führen, dass dem Schuldner nichts mehr zum Leben bleibt. Gesetzliche Grundlagen wie die Zivilprozessordnung bieten verschiedene Möglichkeiten (z. B. Erhöhung der Pfändungsfreigrenzen, Kontopfändungsschutz etc.) zur Verbesserung der Situation. Schuldnerberatungsstellen können hier beratend zur Seite stehen.

Restschuldbefreiung: Mit der Einführung der Insolvenzordnung ist erstmals zum Abschluss eines Verfahrens eine R. durch gerichtliches Urteil möglich. Durch Gerichtsbeschluss werden dann die restlichen Schulden erlassen, wenn die vorangegangenen Voraussetzungen des Insolvenzverfahrens erfüllt sind.

Schufa: Bei der S. (Schutzgemeinschaft für allgemeine Kredit-sicherung GmbH) werden Daten der Kunden von Banken, Spar-kassen, Versandhäusern, Kreditkarten-Unternehmen, Leasingge-sellschaften usw. von der Kontoeröffnung bis zur eidesstattlichen Versicherung gesammelt. Die Unternehmen bedienen sich der S., um Informationen über ihre Kunden (besonders zur Kreditwür-digkeit) zu erhalten.

Schuldnerberatung: Die S. unterstützt Ratsuchende, die nicht mehr wissen, wie sie jemals ihre Schulden bezahlen können, durch Beratung und Begleitung. Dabei soll versucht werden, ge-meinsam mit den Betroffenen ein Konzept zu entwickeln, mit dem ihre wirtschaftliche Lage wieder in den Griff zu bekommen ist. S. ist kostenlos. Jedes Angebot, z. B. von gewerblichen Schul-denregulierern, bei dem vor einer «angeblichen Hilfe» eine Un-terschrift unter eine Kostenerklärung erwartet wird, ist mit aller-größter Vorsicht zu betrachten.

Treuhänder: Der T. ist eine vom Insolvenzgericht beauftragte Person. Sie verteilt das Vermögen im Insolvenzverfahren und das abgetretene Einkommen in der Wohlverhaltensperiode an die Gläubiger.

Überschuldung: Überschuldet sind Personen und Haushalte, wenn keine Aussicht mehr besteht, dass sie ihre Schulden jemals vollständig zurückzahlen können. Lebensunterhalt und laufende Verpflichtungen können nicht mehr durch die Geldeingänge ge-deckt werden. Durch Zinsen und Kosten steigen die Schulden bei Überschuldeten regelmäßig immer weiter an.

Umschuldung: Durch eine U. wird versucht, die bestehenden Zahlungsverpflichtungen zusammenzufassen, um zukünftig nur noch einen Gläubiger zu haben. Dabei erfolgt jedoch zumeist noch eine Erhöhung der Gesamtverschuldung sowie eine deutliche Verlängerung der Laufzeit, verbunden mit hohen Raten. Nur in wenigen Fällen ist daher wirklich ein Vorteil für die Schuldner erkennbar. Eine intensive Beratung ist deshalb vor Aufnahme eines Umschuldungsdarlehens notwendig.

Verzug: Ein V. tritt ein, wenn eine Schuld nicht zu dem vereinbarten Termin bezahlt wird. Es erfolgen Mahnungen und danach die Kündigung des Vertrages (z. B. Kaufvertrag oder Ratenvertrag). Ab dem V. sind bereits Zinsen auf die Hauptforderung zu leisten.

Zinsen: Bei allen Schulden sind Z. zu bezahlen sowie zusätzliche Kosten. Schuldbeträge können somit sehr teuer werden. Bei Kreditaufnahmen muss von der Bank immer der «effektive» Zinssatz mitgeteilt werden. Nur so – mit Kenntnis sämtlicher Kosten eines Kredites – lassen sich Vergleiche mit anderen Angeboten herstellen.

Zwangsvollstreckung: Die Gläubiger können mit Hilfe staatlicher Mittel (z. B. Gerichtsvollzieher), nachdem sie einen beurkundeten oder gerichtlichen Rechtsanspruch erlangt haben (z. B. einen Vollstreckungsbescheid), ihre Forderung zwangsweise durchsetzen. Möglichkeiten der Z. sind u. a. Pfändungen und eidesstattliche Versicherung.

Wichtige Adressen und Informationen für Leute mit Schulden

In eurer Stadt / In eurem Landkreis

Schuldner- und Insolvenzberatungsstellen gibt es in fast allen größeren Städten oder Landkreisen. Es sind inzwischen so viele, dass sie hier nicht aufgeführt werden können.

Die Adressen könnt ihr vor Ort bei den jeweiligen Sozialämtern sowie bei den Wohlfahrtsverbänden (Diakonisches Werk, Caritasverband, Deutsches Rotes Kreuz, Arbeiterwohlfahrt, Deutscher Paritätischer Wohlfahrtsverband) erfragen.

Macht dann einen Termin mit dem Berater oder der Beraterin aus. Dabei solltet ihr euch darauf einstellen, dass es zumeist Wartezeiten gibt, da viele Menschen die Beratungsstellen aufsuchen.

Das ist aber kein Grund, den Kontakt nicht zu suchen. Vielmehr solltet ihr schnellstmöglich den Weg in die Schuldnerberatung gehen.

Wenn dann das erste Gespräch mit der Schuldnerberatung bevorsteht, könnt ihr die Arbeit der Schuldnerberatung unterstützen, indem ihr eure Unterlagen vorher intensiv durchseht und versucht, euch einen eigenen – ehrlichen – Überblick über eure Situation zu verschaffen. Sortiert eure Papiere, damit nicht im Beratungsgespräch das «große Suchen» anfängt und wertvolle Zeit der Beratung verloren geht.

In Deutschland

Kostenlose Broschüren können weitere Hintergrundinformationen geben – z. B.
«Pfändungsfreigrenzen»
«Wissenswertes über Verbraucherkredite»

«Restschuldbefreiung – eine neue Chance für redliche Schuldner»
zu beziehen über:
Bundesministerium der Justiz, Broschürenversand, Maarstraße 98a, 53227 Bonn.

Eine weitere hilfreiche Broschüre ist «Was mache ich mit meinen Schulden?», zu beziehen beim Bundesministerium für Familie, Senioren, Frauen und Jugend, 11018 Berlin.

Auch im **Internet** sind Informationen erhältlich. Zwei nützliche Internetadressen mit umfangreichen Hilfstexten sowie Links sollen hier stellvertretend für andere genannt werden:
– http://www.schulden-online.de (ein Angebot des Schuldnerfachberatungszentrums der Johannes-Gutenberg-Universität Mainz) und
– http://www.forum-schuldnerberatung.de

Bundesweit tätig ist die folgende Stelle. Bei ihr können Informationen zu Fragen der Schuldner- und Insolvenzberatung eingeholt werden, aber auch Adressen von Schuldnerberatungsstellen können dort erfragt werden:
Bundesarbeitsgemeinschaft Schuldnerberatung e. V.
Wilhelmstraße 11, 34117 Kassel

Kontaktadresse in Österreich
ARGE Schuldnerberatungen
Schafritzerstraße 10
A–4020 Linz

Kontaktadresse in der Schweiz

Dachverband Schuldenberatung
Monbijoustraße 61
Postfach 1106
CH–3000 Bern

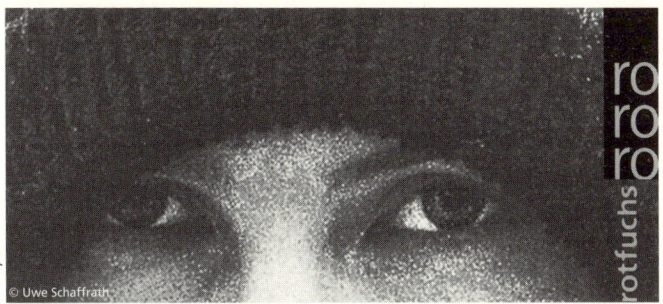

BR 51/3 © Uwe Schaffrath

rororo rotfuchs

Gesellschaftlicher Zündstoff bei rotfuchs

**Frederik Hetmann/
Harald Tondern
Die Nacht, die kein Ende nahm**
In der Gewalt von Skins
rororo 20747

**Anatol Feid/Natascha Wegner
Trotzdem hab ich meine Träume**
*Die Geschichte von einer,
die leben will.* rororo 20552

**Heidi Hassenmüller
Gute Nacht, Zuckerpüppchen**
rororo 20614

**Ann Ladiges
«Hau ab, du Flasche!»**
rororo 20178
Immer häufiger greift Roland zur
Flasche, wenn es Probleme gibt.
Lange merken die Eltern nicht, wie
abhängig er ist. Bis Roland den
Ring seiner Mutter versetzt ...
Kann er sich jetzt noch selber
«aufs Trockene» retten?

**Margret Steenfatt
Hass im Herzen**
Im Sog der Gang. rororo 20648

**Harald Tondern
Wehe, du sagst was!**
Die Mädchengang von St. Pauli
rororo 20995

**-ky
Heißt du wirklich Hasan
Schmidt?** *Ein Krimi*
Wie es ist, nicht mehr Matthias,
sondern Hasan zu heißen.

rororo 20360

Mehr Infos im rotfuchs-Magazin *fuxx!* und unter *www.fuxx-online.de*

B 88/1

Illustration: Hanno Rink

rororo

rotfuchs

Margret Steenfatt bei rotfuchs

Echter Hass und falsche Liebe

Hass im Herzen
Im Sog der Gang
3-499-20648-X
Kein Platz für Tono in der Wohnung seiner Mutter. In der Schule immer dasselbe ... tödliche Langeweile! Tono hält es nicht mehr aus, er will endlich selbst über sein Leben bestimmen und sucht Spannung und Abenteuer in einer Jugendgang, die Angst und Schrecken verbreitet mit ihren Aktionen gegen Ausländer, gegen alle, die nicht in das Weltbild des Anführers passen. Wer sich weigert, blind zu gehorchen, gilt als Verräter. Gibt es für Tono noch ein Zurück?

Hass im Spiel
3-499-21152-1
Die spannende Fortsetzung von «Hass im Herzen».

Immer mega – immer fun
Spaß um jeden Preis
3-499-20830-X

Nele
*Ein Mädchen ist nicht
zu gebrauchen*
Nele lebt mit Mutter und Stiefvater zusammen. Ihr fehlen Liebe und Geborgenheit. Bei Wolfgang, dem Sportsfreund des Stiefvaters, glaubt sie, diese Liebe zu finden ...

3-499-20437-1

Mehr Infos im rotfuchs-Magazin *fuxx!* und unter *www.fuxx-online.de*